Aber an des Landes Marken wogt das weite Meer und sieht nicht immer einem schlummenden Greise ähnlich ..., sondern viel öfter einem jugendlichen Riesen voll ungebändigter, wilder Kraft und das Meer wühlt in seiner Tiefe und schäumt auf seinen Wellenbergen und wogt und nagt, und gibt und nimmt, und führt und fügt Schlamm und Schutt und Dünensand oder Marschland an die Ufer und Deiche ...

    Ernst Evers, 1875

Typisch seit über 100 Jahren: die Pfahlbauten St. Peter-Ordings

Der Strand vor der Küste von St. Peter-Ording: Er ist zwölf Kilometer lang und bis zu zwei Kilometer breit.

Für Strandsegler und Kite-Buggys: die begehrteste Piste Europas

Haubarge: die vielleicht größten Bauernhäuser der Welt, früher mit Mensch und Vieh unter einem Dach

Wahrzeichen der Halbinsel Eiderstedt: der Leuchtturm von Westerhever

Vom Menschen geschaffen: das Naturschutzgebiet Katinger Watt

Stadt am Meer: Husum mit seiner bunten Hafenmeile

Nicolle Hofmann / Frank Hofmann

WEITE, WIND UND WELLEN

St. Peter-Ording, Eiderstedt und Umgebung

Ellert & Richter Verlag

INHALT

20
VOM SPERRWERK ZUM LEUCHTTURM –
EINE FAHRT DURCHS EIDERLAND

36
VON KAUFLEUTEN UND HITZLÖPERN –
EINE KLEINE HISTORIE DER HALBINSEL

46
VON SEENEBEL UND SPEEDRITTEN –
AUF ENTDECKUNGSTOUR AN STRAND UND WATTENMEER

68
VON BUNKERKINDERN UND BULLYUNTERKÜNFTEN –
DER STETIGE WANDEL ST. PETER-ORDINGS

84
VON STRANDFLIEDER UND KRÖTENWEGEN –
UNTERWEGS IN SALZWIESEN UND DÜNEN

98
VON GROSSEN DÄCHERN UND KÖNIGLICHEN ABSTEIGEN –
EINKEHR IN EIDERSTEDTS BERÜHMTEN BAUWERKEN

110
VON DER BEUTELMEISE BIS ZUM MUTTERSCHAF –
EIN STREIFZUG DURCH WÄLDER UND WIESEN

126
VON MISSIONAREN UND SCHUTZENGELN –
EIDERSTEDTS BEWEGTE KIRCHENGESCHICHTE(N)

146
VON STADTWÄLDERN UND PACKHÄUSERN –
ABSTECHER NACH GARDING, TÖNNING UND TATING

160
VON KULTUR, KAUFHÄUSERN UND RELIGIÖSER TOLERANZ –
WIR VERLASSEN DIE HALBINSEL UND FAHREN NACH HUSUM UND FRIEDRICHSTADT

176
AUTOREN / BILDNACHWEIS / IMPRESSUM

VOM SPERRWERK ZUM LEUCHTTURM – EINE FAHRT DURCHS EIDERLAND

Hinter Wesselburen bricht der Himmel auf – die Wolken bewegen sich schneller genauso wie die Windräder. Am Straßenrand noch Dithmarscher Kartoffeln und Kohlköpfe, aber dann taucht er auch schon auf, der Eiderdeich. Ein rascher Blick hinüber zur bunt beflaggten Ausflugsgastronomie am Eidersperrwerk. Bekommen wir ein Fischbrötchen? Die essen wir am liebsten auf den Steinen, die zur Eider hinabführen, hungrig beäugt von Strandläufern und Silbermöwen.

Bevor es weitergeht durch den 200 Meter langen Tunnel, der Dithmarschen mit Eiderstedt verbindet, erklimmen wir noch schnell das Sperrwerk. Werfen einen ersten Blick auf die Nordsee, sehen möglicherweise auch ein Ausflugsschiff, das von hier zu den Seehundsbänken aufbricht oder nach Helgoland. Lassen uns auch belehren von den Informationstafeln über das Jahrhundertbauwerk, auf dem wir stehen. Eingeweiht wurde es nach fünfjähriger Bauzeit am 20. März 1973 und seine fünf gewaltigen Doppelhubtore verhindern seither solche dramatischen Geschehnisse wie den Einbruch der Nordsee ins Binnenland bei der Sturmflut von 1962.

Entstanden ist dadurch auch eine solch einzigartige Naturlandschaft wie das Katinger Watt (S. 110). Und selbst die von hier noch 27 Kilometer entfernten Strände von St. Peter-Ording beeinflusste der Bau des Sperrwerks. Der dazugehörige Deich endet erst bei Vollerwiek. Aus dem südlichsten Dorf Nordfrieslands ragt mit „St. Martin" eine der 18 Eiderstedter Kirchen heraus (S. 126), es gibt neben einem Campingplatz ein paar hübsche Ferienunterkünfte und auch einen eigenen Strand. Der ist, ähnlich wie in Büsum, nicht sandig, sondern aus Gras, und wenn Ebbe ist, lädt Wattführer Rainald Meggers ein zu einem Spaziergang auf dem Meeresgrund. Wer nach einer solchen Tour Eindrücke von Deich, Watt und Meer mit nach Hause nehmen möchte, wird fündig in zwei dorfansässigen Kunst-Galerien.

Fasziniert von der Weite und diesem besonderen Licht, das uns hier oben stets umfängt, zog es seit jeher sehr viele Kunstschaffende nach Eiderstedt. Horst Janssen bezog Anfang der 70er Jahre einen Haubarg, verfasste darüber ein Büchlein („Janssenhof") und malte die Exponate seiner „Eiderlandmappe". Kokoschka-Schüler Friedrich Karl Gotsch entdeckte während der 20er Jahre zusammen mit anderen Künstlern die einzigartigen Ausblicke am Strand von St. Peter-Ording. 1969 erinnerte er sich an diese Zeit so: „Damals wurde für uns Maler, Literaten, Musiker St. Peter-Ording geradezu ein zweites Worpswede. Wir Maler waren allenthalben hinter unseren Staffeleien zu sehen, und der damals noch bestehende tiefe Friede, die völlige Ungestörtheit gaben uns allen die notwendigen Voraussetzungen zum Schaffen."

Als Gotsch das schrieb, hatte sich vieles verändert. In St. Peter-Ording war ein modernes Seebad entstanden, auf den Strandabschnitten parkten Autos und die gemalte Kunst hatte es nicht immer leicht, sich gegen die Fotografie durchzusetzen. Mehr oder weniger kunstvolle Aufnahmen zeigten vor allem ein Motiv: die Pfahlbauten an den Stränden von St. Peter-Ording. Diese filigranen Gebilde, in denen sich alles befindet, was wichtig ist, an einem Strand: Toiletten, Gastronomie und Seenotrettung. Bäckermeister Max Ranft errichtete 1911 die erste Hütte auf Stelzen am Strand von Ording und verkaufte dort vorzugsweise „Ma Ra Bu", seinen nach ihm selbst benannten Max-Ranft-Butterkuchen. Nebenbei aber auch wärmende Getränke wie Cognac und so nannte man den Pfahlbau kurzerhand Giftbude, weil es „dor wat gift".

Mittlerweile stehen 13 Pfahlbauten an den vier Strandabschnitten von St. Peter-Ording und weil das Meer gerade in Ording immer näher rückt, baut man seit 2018 neue Stelzengebäude in Richtung Dünenrand. „Hier endet das Land mit einem wüsten Dünenstriche, der so aussieht, als wäre eine zweite

Insel Amrum hier an den Strand getrieben", schrieb 1846 der Reiseschriftsteller Johann Georg Kohl über die Ordinger Dünen. Weniger als wüst und mehr als bedroht wahrgenommen, mahnen heute zahlreiche Hinweisschilder zum Schutz der grün bewachsenen Sandhügel. Den Gewalten des Meeres würden die Dünen ohnehin nicht standhalten und deshalb findet sich ja auch bald dahinter wieder ein Deich. Auf dem stehen wir nun zum Ende unserer Reise und blicken hinüber zu einem weiteren Postkartenmotiv, vielleicht sogar dem eigentlichen Wahrzeichen Eiderstedts. Der Westerhever Leuchtturm weist seit 1908 den Schiffen den Weg, bei klarer Sicht reicht sein Licht bis Helgoland. Beworben hat er auch schon so einiges, unter anderem ein Bier aus Ostfriesland, und Nachbildungen des 40 Meter hohen Turms finden sich auf Eiderstedt ähnlich häufig wie Eiffeltürmchen in Paris. Betrieben wird der Westerhever Leuchtturm seit 1979 vollautomatisch von Tönning aus und in den ehemaligen Leuchtturmwärterhäuschen befindet sich nun eine Naturschutzstation. Umschlossen vom Weltnaturerbe Wattenmeer, erschließt sich einem wohl nirgendwo sonst die Sinnhaftigkeit des Naturschutzes so sehr wie hier.

Weithin sichtbar reicht das Licht von Deutschlands wohl berühmtestem Leuchtturm Westerheversand bei klarer Sicht bis ins über 50 Kilometer entfernte Helgoland. Bestiegen werden kann er — nach vorheriger Anmeldung — seit 2001.

157 Stufen geht es in die Höhe, die Luft ist frisch dort oben und die Aussicht schwindelerregend schön — nicht nur im Herbst, wenn es in den Salzwiesen so farbenprächtig blüht, violett der Strandhafer, rosa die Grasnelke und ziegelrot der Queller.

Wo die Eider gestaut wird, beginnt Eiderstedt. Auch nach über 50 Jahren zählt das Eidersperrwerk im Wesselburenerkoog noch immer zu den größten Küstenschutzprojekten Europas. Die Marsch wird entwässert, das Land geschützt vor Sturmfluten und die Reise von Dithmarschen nach Eiderstedt ist gesichert durch einen 236 Meter langen Tunnel. Darüber befindet sich ein Fußweg und der gewährt den Besuchenden Ausblicke auf Eider, Nordsee und in die schöne Landschaft.

Vom Sperrwerk zum Leuchtturm – eine Fahrt durchs Eiderland

Am Strand von St. Peter-Ording ruft sie Begeisterung hervor – wie gefährlich die Brandung der Nordsee auch sein kann, beschwor Detlev von Liliencron (1844–1909) in seinem Gedicht „Trutz, blanke Hans". Die Nordsee ist hier die „Mordsee", die das sagenumwobene Rungholt verschlingt. Vom „Blanken Hans" spricht man in Nordfriesland noch heute, und meint damit das Meer – vorwiegend dann, wenn es mal nicht so friedlich daliegt und seine Gewalt nur gebremst werden kann durch so etwas Gewaltiges wie das Eidersperrwerk.

Vom Sperrwerk zum Leuchtturm – eine Fahrt durchs Eiderland

Ohne die verheerende Sturmflut von 1962 hätte es den „Generalplan Küstenschutz" wohl nicht gegeben und damit auch nicht das riesige Bollwerk am Mündungstrichter der Eider. Bis zur Fertigstellung im März 1973 wurden hier 48 000 Kubikmeter Beton, 6000 Tonnen Stahl und 95 000 Tonnen Felsbruchsteine verbaut. Standgehalten hat das Eidersperrwerk dann auch der bislang am höchsten gemessenen Sturmflut aus dem Jahr 1976.

Hinten die stählernen Schleusentore, vorne eine beschauliche Marina: Im Schleusenvorhafen des Eidersperrwerks ankern Krabbenkutter genauso wie Ausflugsdampfer der Reederei „Adler-Schiffe". Wer mag, startet von hier aus zu den Seehundsbänken und bestaunt unterwegs den frischen Seetierfang. Alles, was Nordsee und Eider so hergeben, versammelt sich dann im großen Schleppnetz: Stinte, Schollen, Einsiedlerkrebse, Seeskorpione, Muscheln und selbstverständlich auch jede Menge Nordseekrabben.

Wahrzeichen im Wandel: Weil der Strand so groß und das Meer so unberechenbar war, kam man in St. Peter-Ording schon zu Beginn des letzten Jahrhunderts auf die Idee mit den Gebäuden auf Stelzen. 1911 eröffnete der erste Pfahlbau am Ordinger Strand. Und fand schon bald Nachahmer in den Ortsteilen Bad, Süd und Böhl. Heute gibt es 13 Pfahlbauten, fünf davon mit gastronomischem Betrieb. Weil das Wasser immer näher rückt, baut man für die Strandbar 54 Grad Nord in Ording Süd gerade ein näher am Deich gelegenes neues Stelzengebäude. 200 Meter nördlich steht das Café Silbermöwe (rechts im Bild) nicht ganz so nah am Spülsaum des Meeres. Bekannt aus der Fernsehserie „Gegen den Wind", wird aber wohl auch die „Silbermöwe" irgendwann gar zu nasse Füße bekommen ...

Vom Sperrwerk zum Leuchtturm – eine Fahrt durchs Eiderland

Stets ein wenig zerzaust, weisen die Dünen in St. Peter-Ording schon ganz von selbst auf ihre Schutzbedürftigkeit hin. Weil es aber wohl allzu verlockend ist, sich in den weichen Sandkuhlen niederzulegen, stehen überall die gelben Schilder mit dem Hinweis „Dünenschutz ist Küstenschutz". Erlaubt sind aber Spaziergänge auf diversen kleinen Trampelpfaden, beispielsweise auf dem, der seitlich des Strandwärterhäuschens in Ording Süd beginnt, an einer Aussichtsplattform vorbeiführt und nach einem kleinen Aufstieg mit einem schönen Ausblick auf den Strandabschnitt von Ording-Nord sein Ende findet.

Das Watt ist durchzogen von ihnen, aber sie fließen auch bis in die Salzwiesen hinein: Priele begegnen uns auf der Halbinsel in unterschiedlichster Form. Weil sie bei Ebbe nicht „trockenfallen", gelten die Wasserläufe als Lebensadern im Wattenmeer. Das schätzen vor allem die Tiere, die sich in den Prielen tummeln – Fische genauso wie Garnelen und Krebse. Beliebt sind die Priele aber auch bei kleinen Kindern: In ihnen lässt es sich schön planschen, gerade dann, wenn sich das Meer mal wieder verzogen hat.

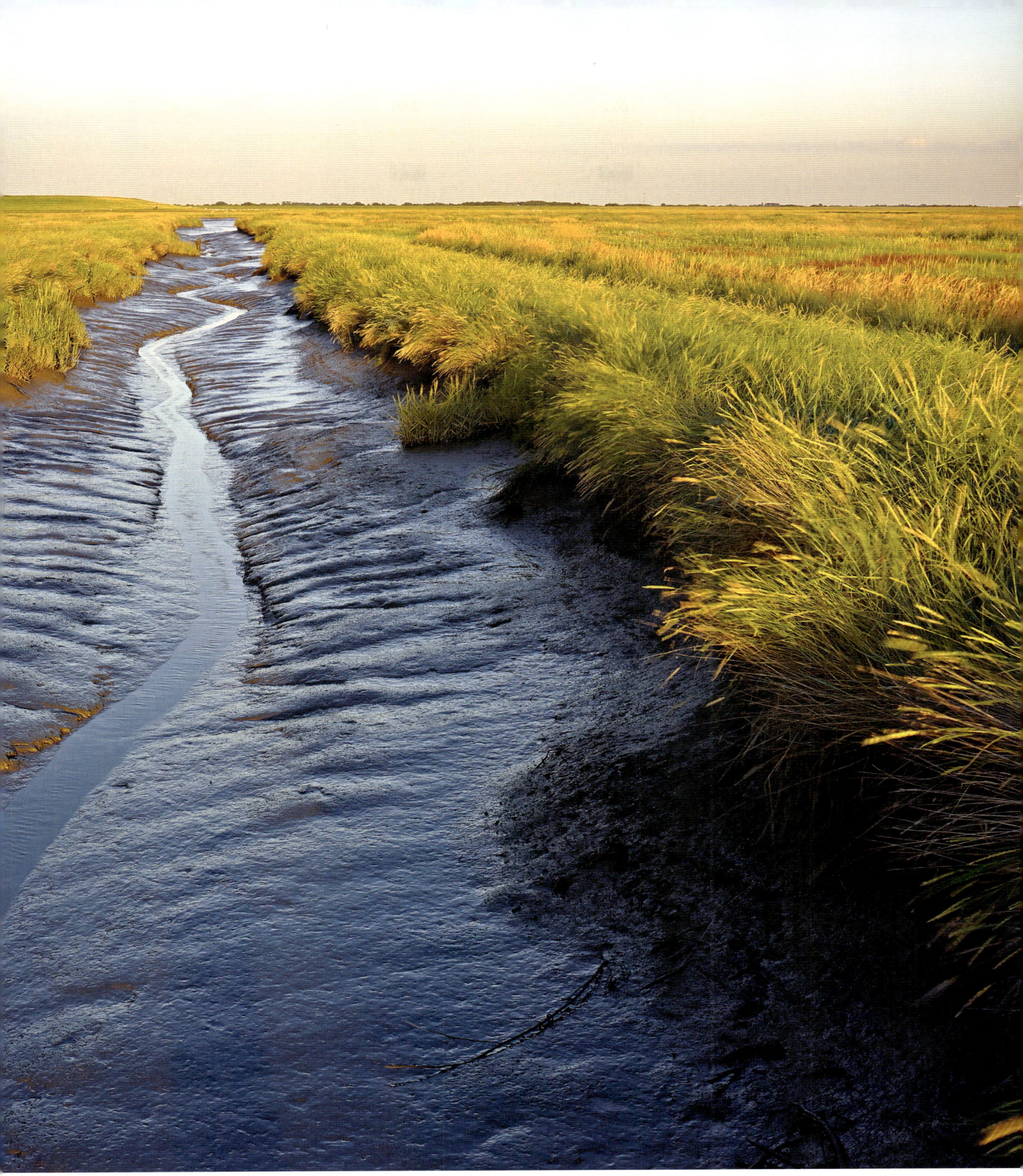

VON KAUFLEUTEN UND HITZLÖPERN – EINE KLEINE HISTORIE DER HALBINSEL

Das Dokument, auf das St. Peter-Ording seine 650 Jahre alte Geschichte zurückführt, wäre nicht ohne den Untergang von Rungholt entstanden. Dieses sagenumwobene Handelszentrum zählte im Mittelalter zu den größten Siedlungen zwischen Nord- und Ostsee. Über 1500 Menschen lebten auf den Warften, deren Lage heute aufgrund der archäologischen Funde rund um die Hallig Südfall verortet wird. Seinen Reichtum, deren Ausmaß die Volkssagen später ins Fantastische überhöhten, verdankte Rungholt dem Hafen am Heverstrom und dem florierenden Handel mit Salz, Bernstein und Vieh.

Mitte Januar 1362 ereignete sich eine Katastrophe, die im kollektiven Geschichtsbewusstsein der Nordfriesen ebenso tief verankert ist wie die Sturmflut ziemlich genau 600 Jahre später: Das Hochwasser der Nordsee überschwemmte 100 000 Hektar Land, zerstörte zahlreiche Ortschaften und kostete mehrere zehntausend Küstenbewohnern das Leben. In dieser „Groten Mandränke" ging auch Rungholt unter. Die Kaufleute der Hanse mussten sich neue Häfen suchen, um mit den Friesen Handel zu betreiben. 1373 schloss der Hansebund einen Vertrag mit den Ratsleuten von St. Peter im Kirchspiel Ulstrup, dass sie jederzeit dessen Häfen anlaufen und Geschäfte machen dürfen. So entstand die erste urkundliche Erwähnung des Küstenorts. Wo genau der Hafen lag, lässt sich nur noch vermuten – wahrscheinlich dort, wo sich heute der Golfplatz in Böhl ausbreitet.

Die Mandränke hatte auch das Marschgebiet des heutigen Eiderstedts weiter auseinandergerissen. Die äußere Insel Holm wurde durch das Fallstief – heute die Tümlauer Bucht – in Utholm mit St. Peter und Westerheversand gespalten. Im Osten bildeten Everschoop (um Garding) und das eigentliche Eiderstedt (um Tönning) eine Halbinsel. Die drei Gebiete, so genannte „Harden", schlossen sich in einer politischen Einheit, der „Landschaft", zusammen und rückten durch die Eindeichung von Kögen immer näher aneinander. 1612 schließlich verband der Dreilandenkoog als letztes Flickstück die drei Harden auch geografisch zu einer zusammenhängenden Landschaft.

Das Wappen von Dreilanden, drei Koggen, findet sich übrigens bis heute auf jedem Autokennzeichen, das mit NF beginnt.

In dem Vertrag der Kaufleute mit St. Peter ist noch vom alten Ortsnamen „Ulstrup" die Rede. Dass sich bald der Name der Kirche gegen die ursprüngliche Bezeichnung durchsetzte, verdankt sich einem Skandal. 1445 wehrten sich die Ulstruper Bürger mit Gewalt gegen die Gesandten des Herzogs von Schleswig, der in einem Streitfall seine eigene Rechtsauffassung durchsetzen wollte. Diese Revolte galt damals als so ungeheuerlich, bald sprach man nur noch von denen aus „Sunte Peter".

Das Verhalten der Ulstruper kann man als ein Beispiel für die hohe Eigenverantwortung und Selbstständigkeit lesen, ohne die ein Leben am Rande der Nordsee nicht möglich gewesen wäre. Die stets lauernde Gefahr schweißte zu einer Gemeinschaft zusammen, die nur funktionierte, wenn jeder zum Schutz aller beitrug. „Wer nich will dieken, mutt wieken" – wer nicht mehr an der Deichsicherung mitarbeiten konnte, steckte seinen Spaten gut sichtbar auf die Deichkrone und quittierte damit seinen Anspruch auf Landbesitz. Es bedurfte eigener Regelungen für die Bewirtschaftung des dem Meer abgetrotzten Landes und die führten zu einer Art Selbstverwaltung der Landschaft Eiderstedt innerhalb des Herzogtums Schleswig.

Trotz gewisser Gemeinsamkeiten waren die Lebensbedingungen auf der Halbinsel sehr unterschiedlich. Während die Marschen im Osten Eiderstedts eine einträgliche Viehhaltung ermöglichten, erschwerten die bis ins 19. Jahrhundert unbefestigten Dünen im Westen jede Bewirtschaftung. Starker Wind vom Meer fegte regelmäßig eine Sandschicht über Felder und Weiden. St. Peter und Ording galten deshalb als das Armenhaus Eiderstedts. Einige Bewohner versuchten, ihren Lebensunterhalt als „Hitzlöper" zu bestreiten – sie liefen den Spülsaum des Meeres ab und suchten dort nach Bernstein und angeschwemmtem Brennmaterial, verwertbaren Schiffsteilen aus Holz. Andere fingen Garnelen mit der Gliep (Schiebenetz) und

Schollen mit der Prick (Stecheisen) – so wie „Jan und Gret", die steinernen Figuren auf dem Marktplatz von St. Peter.

Deutlich wohlhabender ging es zu in der Hafenstadt Tönning. 1784 wurde der Eiderkanal eröffnet, die erste für Seeschiffe passierbare Verbindung zwischen Nord- und Ostsee. Der heutige Nord-Ostsee-Kanal folgt teilweise der Routenführung des Vorgängers. Ein Monument der wirtschaftlichen Blüte Tönnings ist bis heute das Packhaus, eines der größten Speichergebäude an der Küste.

Der Grundstein für den Wandel St. Peters vom Armenhaus zur Goldgrube wurde 1877 gelegt: Da entstand das „Strandhotel" an der Grenze zwischen den Gemeinden St. Peter und Ording – heute steht dort das Apartmenthaus „Luv und Lee": ein zarter Anfang des Bädertourismus. „Baden" bedeutete meistens, mit den Füßen ins Wasser zu gehen. Nur Mutige ließen sich mit Fischerbooten für zehn Pfennige auf die Sandbank fahren, zum „Brandungsbaden".

Wie sich der Ort nun zu *dem* deutschen Nordseebad entwickelte, ist eine eigene Geschichte und bedarf eines weiteren Kapitels.

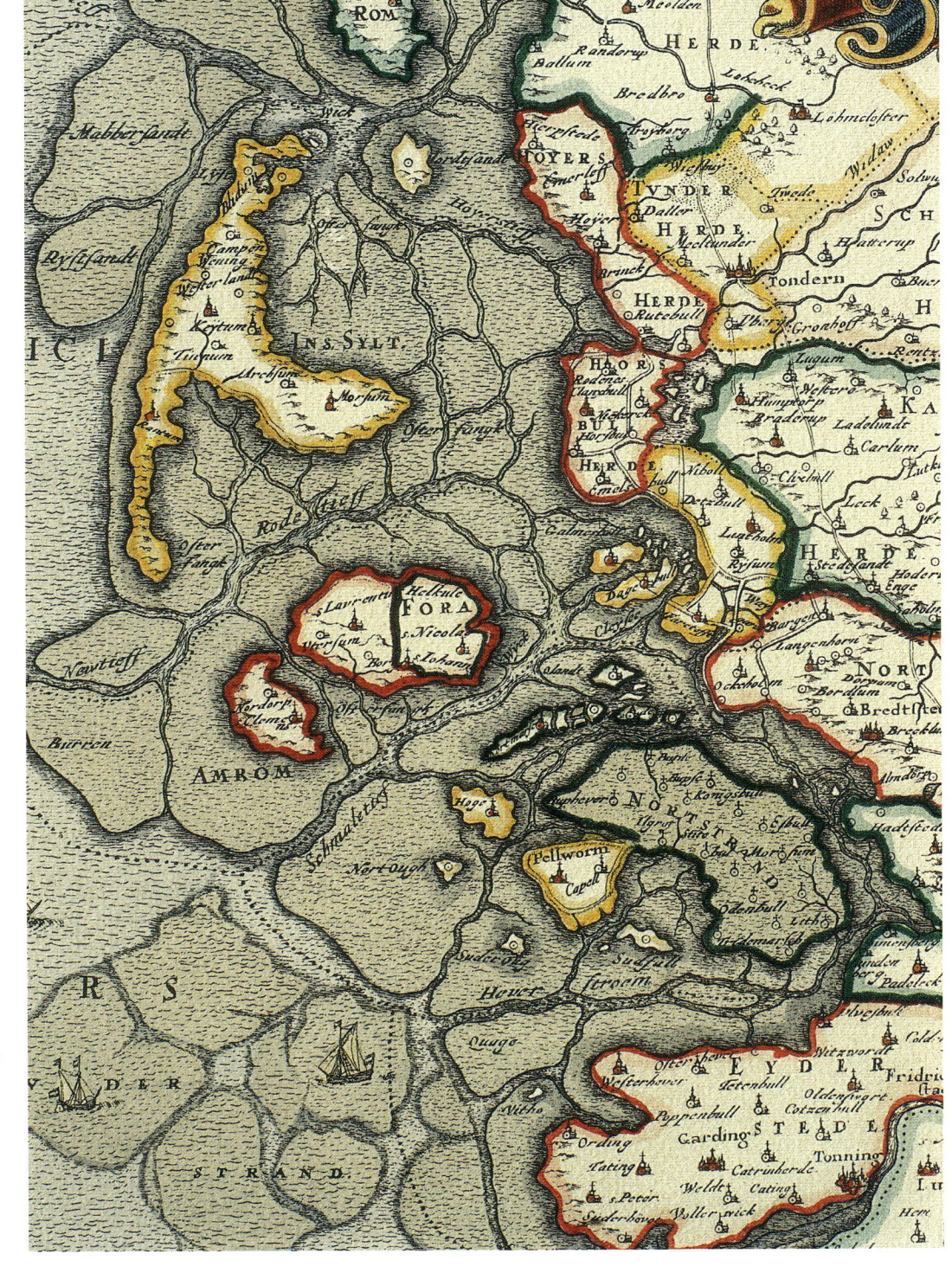

So sah sie aus, die zerrissene Inselwelt vor der Küste Nordfrieslands nach den zwei *Groten Mandränken* von 1362 und 1634. Vom dänischen König beauftragt, zeichnete der Husumer Mathematiker und Kartograf Johannes Mejer (1606–1674) diese Karte seiner Heimat, wie sie sich ihm 1640 darbot. An der Anordnung von Inseln, Halligen und dem Ausmaß der Halbinsel Eiderstedt hat sich seither – trotz zahlreicher weiterer Sturmfluten – nicht viel geändert.

Beschäftigt hat man sich mit der zweiten *Groten Mandränke* von 1634 auch in der bildenden Kunst. Der holländische Maler Frans Griesenbrock (1916–2010) zeigt in diesem Fensterbild verzweifelte Nordfriesen kurz vor ihrem Untergang. An allem, was habhaft war, versuchte man sich festzuhalten und wurde am Ende doch verschlungen von den gewaltigen Wellen. Wer Griesenbrocks 14 Fensterbilder in voller Größe bewundern möchte, findet diese in einer Kapelle im katholischen Momme-Nissen-Haus auf Pellworm.

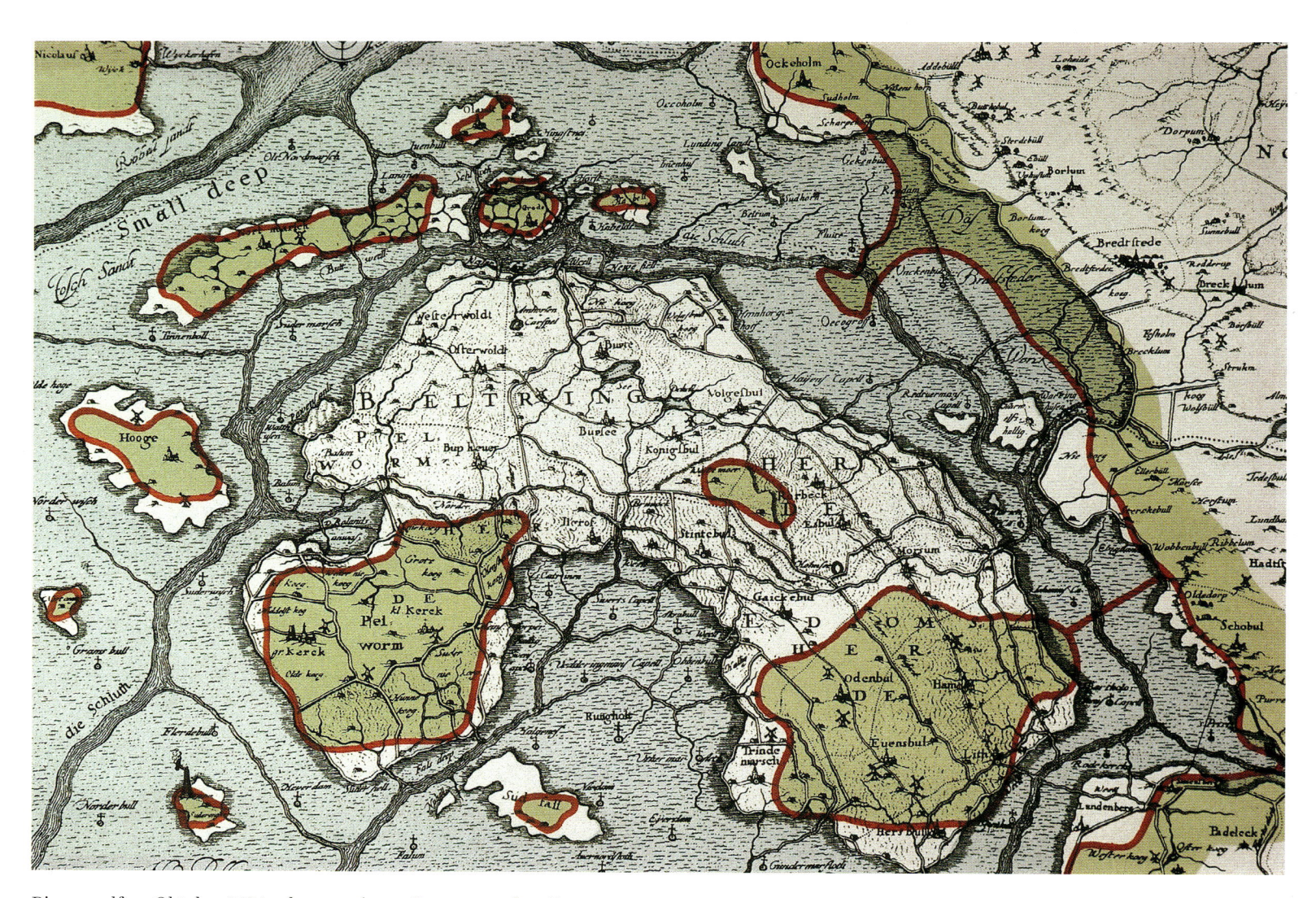

Bis zum elften Oktober 1634 gab es die Insel „Strand". Auf einer Fläche von etwa 220 Quadratkilometern lebten hier an die 8800 Menschen in 22 Kirchspielen. Viele von ihnen starben bei der großen Flut und die Insel Strand wurde in drei Teile zerrissen. Daraus wurden die Insel Pellworm, die Halbinsel Nordstrand und die Hallig Nordstrandischmoor. Die Halligen Nübbel und Nieland versanken im Meer, neu entstand der Norderhever, ein bis zu 30 Meter tiefer Priel.

Von Kaufleuten und Hitzlöpern – eine kleine Historie der Halbinsel

Gleich zwei schwere Sturmfluten erlebte man an der nordfriesischen Küste im Herbst 1936. Bei der „Oktoberflut" verzeichnete die Pegelmessstelle in Husum einen um 3,30 Meter erhöhten Wasserstand. Der Landwirt Andreas Busch, der die Flut miterlebte und dessen Wagemut sich auch einige Fotos davon verdanken, notierte in einem Artikel: „Es war ungewöhnlich und ohne geschichtliches Beispiel, dass die ganze deutsche Nordseeküste zweimal kurz nacheinander, am 18. Oktober und am 27. Oktober, von fast gleich schweren Sturmfluten heimgesucht wurde."

Tritt die Brandung über den Deich, kann das passieren, wovor sich nicht nur Deichgrafen fürchten: Das Wasser reißt ihn auf und dann ist der Deich gebrochen. Geschehen ist das auch, wie hier im Bild zu sehen, im Februar 1916 auf Nordstrand.

Seither hat man viel getan für einen stabilen Deichbau auf der Halbinsel. Zuletzt entstand dort 2017 ein sogenannter Klimadeich. Der kostete 35 Millionen Euro und soll Nordstrand wappnen gegen zukünftige Überschwemmungen.

Nah beieinander befanden sich um 1920 herum die Strandkörbe, die Dünen und das Meer. Kein Vergleich zum heutigen Sicherheitsabstand, der eingehalten wird zwischen Korb und Wasser. An der Ostseeküste vom kaiserlichen Hofkorbmacher Wilhelm Bartelmann bereits 1882 entwickelt, hatte es noch einige Jahre gedauert, bis sich der Strandkorb auch an der vergleichsweise wilden Nordsee durchsetzte. Wie viele der Körbe seither vom Meer verschlungen wurden, ist nicht überliefert.

Verschlungen wurde sie nicht, aber beträchtlich zerstört: Bei der Sturmflut von 1962 lösten sich die Betonplatten der Seebrücke von St. Peter-Bad aus ihren Verankerungen. 1926 als 1000 Meter langer Steg aus Holz errichtet, versucht man seither mit immer neuen Konstruktionen bzw. Materialien, die Stabilität der Seebrücke zu verbessern. Die letzte große Veränderung erfolgte 2006: Auf einer breiteren Fläche lässt es sich nun auf einem Belag aus Lärchenholz auch in größeren Gruppen dem Meer entgegenspazieren und zwischendrin laden schiefe Lampen und teils sehr große Bänke zum Verweilen ein.

Weit im Wasser standen bei der Sturmflut im Februar 2014 einige der Pfahlbauten St. Peter-Ordings. Insgesamt kam die deutsche Nordseeküste bei dieser Flut aber noch recht glimpflich davon. Gewütet hat der Sturm vor allem in Spanien und Frankreich.

Dank der Weitläufigkeit des Strands bleibt man in St. Peter-Ording aber auch bei kritischen Wetterlagen ziemlich lange ziemlich cool. Und nicht selten sieht man dann noch den einen oder anderen Kite-Segelschirm über das Wasser sausen ...

Bevor die Männer mit den Kuttern hinausfuhren und Krabben in größeren Mengen einfingen, waren es noch zu Beginn des 20. Jahrhunderts hauptsächlich Frauen, die sich dem mühsamen Geschäft des Krabbenfangs widmeten. Ausgestattet mit einem Schiebenetz – in Nordfriesland als Gliep bezeichnet – wateten sie bei Ebbe tief ins Wasser hinein, schoben die Netze vor sich her, reinigten sie zwischendurch immer wieder von dem, was sich außer den Krabben noch darin verfangen hatte und kehrten schließlich, bevor die Flut kam, schwer beladen mit den gefüllten Netzen, zurück ans Land.

Mühsam war im frühen 20. Jahrhundert auch noch die Wasserversorgung. Weit entfernt von einer städtischen Infrastruktur, fehlten zwischen den Dörfern in Nordfriesland entsprechende Leitungen. Und so trafen sich die Frauen zum Wasserschöpfen am Dorfbrunnen, tauschten sich womöglich noch ein wenig aus und schleppten dann die schweren Eimer zurück zu Haus und Hof.

Mit der Kraft des Windes arbeitete man in Nordfriesland schon, bevor entsprechende Räder zur regenerativen Energiegewinnung errichtet wurden: Diese Windmühle, aufgenommen im Jahr 1934 in Garding, war damals noch in Betrieb und sorgte für die Verarbeitung des Getreides. 1955 wurde die „Herrenmühle" nicht mehr gebraucht und kurzerhand abgerissen. Ein Modell der Mühle befindet sich heute im Besitz der „Heimatkundlichen AG Garding".

VON SEENEBEL UND SPEEDRITTEN –
AUF ENTDECKUNGSTOUR AN STRAND UND WATTENMEER

Es war einer unserer ersten Urlaube in Eiderstedt. Handys gab es schon, aber kein Funknetz am Strand. Unter einem strahlend blauen Himmel liefen wir Richtung Tümlauer Bucht. Geradewegs dem Westerhever Leuchtturm entgegen. Die Sicht war klar, nur weit hinten über dem Meer zierte ein weißer Streifen Dunst den Horizont. Die Ebbe erreichte gerade ihren Tiefstand und legte den Priel frei, der mittig durch die Bucht verläuft. Wir badeten unsere Füße und blickten hinüber zum kleinen Hafen des Tümlauer Kooges. Früher ankerten hier die Boote der Ordinger Fischer, im Laufe der Jahre wurde daraus eine kleine Marina für Sport- und Segelschiffe. Verändert hat sich auch die dazugehörige Gemeinde. Erst 1935 eingedeicht, entsprach diese Form der Landgewinnung ganz der nationalsozialistischen Blut- und Bodenpolitik und der spätere Reichsmarschall Hermann Göring weihte den Koog nicht nur ein, sondern gab ihm auch seinen Namen. 1945 umbenannt in Tümlauer Koog, kämpfte der Ort noch eine Weile mit seiner unrühmlichen Geschichte, heute finden sich hier zahlreiche Adressen für einen beschaulichen Urlaub auf dem Bauernhof. Bei uns wurde es nun allerdings recht ungemütlich: Der weiße Dunststreifen hatte sich inzwischen über den halben sichtbaren Himmel ausgeweitet. Schnell zogen wir unsere Füße aus dem Priel und standen kurz darauf mitten im Nebel. Nach wenigen Schritten hatten wir bereits keine Orientierung mehr, wussten nicht, ob wir uns Richtung der sicheren Dünen bewegten oder hineinmarschierten in die Flut. Bange Minuten irrten wir so umher, bis wir schemenhaft andere Spaziergänger erkannten und kurz darauf den rettenden Dünensaum.

    Später erfuhren wir, dass dieser plötzlich auftretende Seenebel kein seltenes Phänomen ist, besonders nicht an warmen Frühlingstagen, wenn das Meer noch deutlich kälter ist als der Sand.

    Das Zusammenspiel von Wetter, Winden und Tide schafft immer neue Szenerien am Strand von St. Peter-Ording. Der gleiche Sand, der im Hochsommer oft so heiß wird, dass man nur die Wahl hat zwischen Badelatschen und Brandblasen, steht ein paar Wochen später, wenn die Herbststürme die Flut bis zu den Dünen treiben, komplett unter Wasser.

In der Regel lässt das Wasser aber so viel vom Strand über, dass sich alle Fraktionen ausbreiten können. Die Hüter der 1250 Strandkörbe genauso wie die Kite-Buggy-Piloten, die mit Geschwindigkeiten bis zu Tempo 100 zwischen Ording und Bad hin und her rasen. Es ist Platz für Spielplätze und Spielfelder, für Drachenbezwinger und Strandkirchgänger, für separate Hunde- und Nudistenzonen. Und natürlich für die Kitesurfer, in deren Windschatten sich das beschauliche St. Peter-Ording zum hippen SPO verwandelte.

Das flach auflaufende Wasser, die vorgelagerten Sandbänke und die Chance auf lange Speedritte entlang der Küste machen die Sandstrände zwischen Böhl und Ording bei Surferinnen und Surfern so beliebt. Wer mag, parkt von Mitte März bis Ende Oktober mit dem Bully gleich auf dem Strand: eine in Deutschland einzigartige Möglichkeit, die viele Touristinnen und Touristen zum Sonnenuntergang an die Westküste Eiderstedts lockt. Wer danach der Versuchung erliegt, in seinem Auto am Strand zu übernachten, zahlt nach 22:30 Uhr allerdings ein dreistelliges Bußgeld.

Wer statt Brandung und Wellengang lieber die Weite des Wattenmeers sucht, wird fündig am Strandübergang St. Peter-Dorf, Westerhever oder Vollerwiek. Hier zieht sich das Meer rund um Eiderstedt am meisten zurück und bietet Raum für Wanderungen durch diese einzigartige Naturlandschaft. Was sich dem Auge als eine große, gleichförmige Fläche präsentiert, nehmen die Fußsohlen als erstaunlich abwechslungsreich wahr. Das feste, rippelige Sandwatt wirkt wie eine Reflexzonen-Massage, im Mischwatt sinkt man ein wenig ein und im Schlickwatt bis zu den Waden. Dass die tieferen Wattschichten schwarz sind, hat nichts mit Meeresverschmutzung zu tun. Die Bakterienarten, die ohne Sauerstoff arbeiten, bilden schwarzes Eisensulfid und faulig riechenden Schwefelwasserstoff. Die weiter oben mit Sauerstoff lebenden Kollegen färben das Watt braun.

Für ein ungefährliches Watterlebnis sollte man den Tidenkalender im Kopf haben oder sich gleich einer geführten Exkursion in die Nationalparkzone anschließen. Dann entwickelt sich der Ausflug mitunter zu einer spannenden Safari zu über 10 000 Tier- und Pflanzenarten. „Small Five" nennen sich die tierischen Attraktionen im Watt – in Anlehnung an die „Big Five", die Großtiere in den afrikanischen Nationalparks: die Strandkrabbe, die Herzmuschel, die Nordseegarnele, die Wattschnecke als schnellste Schnecke der Schöpfung und natürlich, sozusagen der Elefant des Wattenmeers, der Wattwurm. Im Lauf eines Jahres frisst seine Gattung die gesamte Wattoberfläche, filtert die organischen Anteile heraus und scheidet den reinen Sand wieder aus. Die Hinterlassenschaften, kleine Spaghetti-Häufchen, findet man überall auf dem Wattboden. Will man den bis zu 40 Zentimeter langen Wurm allerdings in seiner Röhre überraschen, empfiehlt sich die Zuhilfenahme einer Schaufel.

Wer am Strand von Ording immer weiter gen Norden wandert, erreicht irgendwann den breiten Priel der Tümlauer Bucht. Nur ein Katzensprung scheint es zu sein hinüber zum Westerhever Leuchtturm. Durchqueren sollte man den von starken Strömungen durchzogenen Priel allerdings nicht – und auch gefasst sein auf den Seenebel, ein gefürchtetes Phänomen, das besonders dann auftaucht, wenn das Meer noch kälter ist als der Sand.

Von den insgesamt zwölf Kilometern Sandstrand St. Peter-Ordings ist der Abschnitt im Ortsteil Ording nicht nur der größte, sondern auch der vielfältigste: Vom Hundestrand über den FKK-Bereich bis hin zum Kirchenschiff ist alles dabei. Und wer es mag, kann hier sein Auto direkt am Strand abstellen. Möglich ist das von März bis Oktober und kostet (Stand: 2023) zwölf Euro pro Tag.

Von Seenebel und Speedritten – auf Entdeckungstour an Strand und Wattenmeer

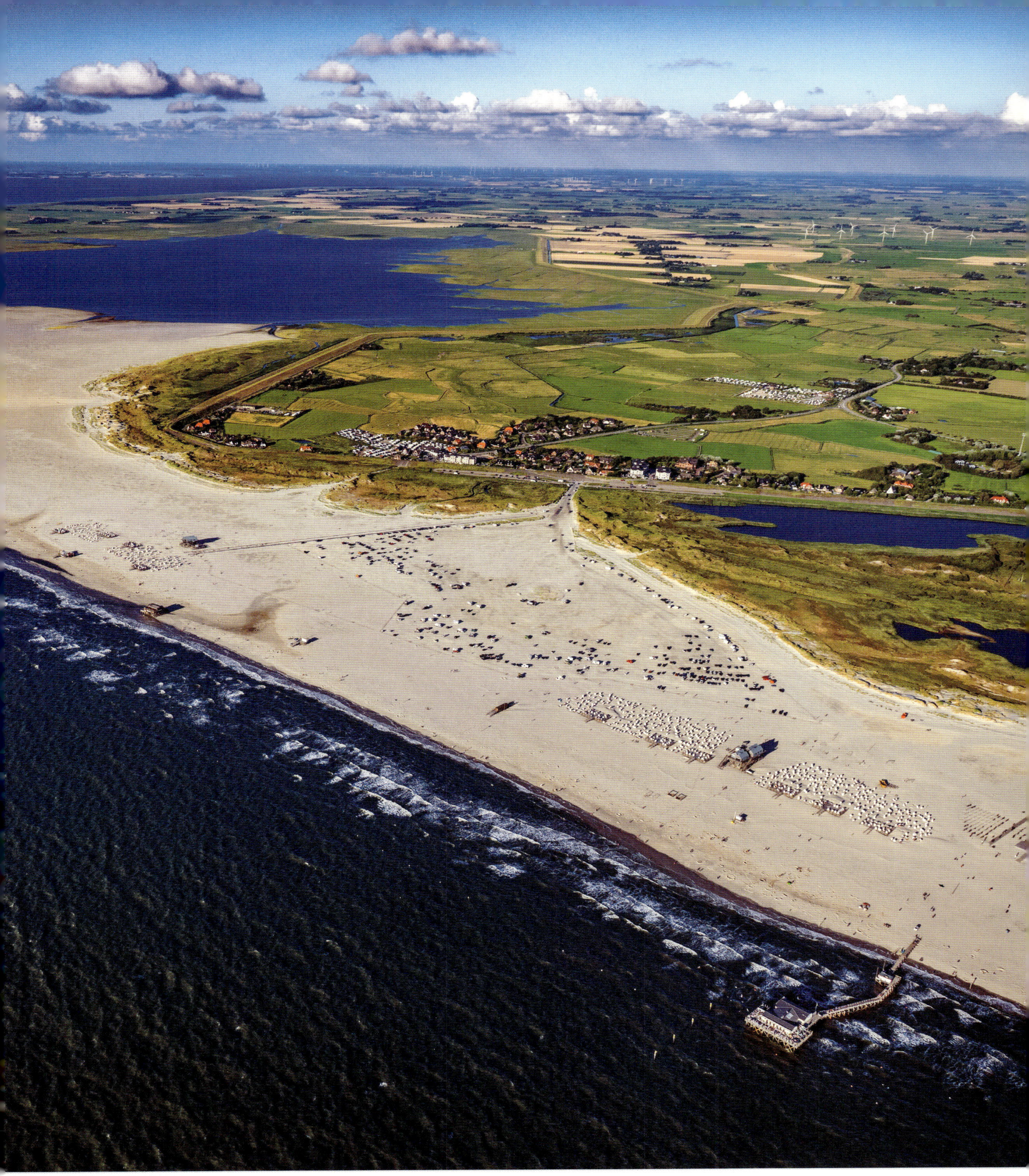

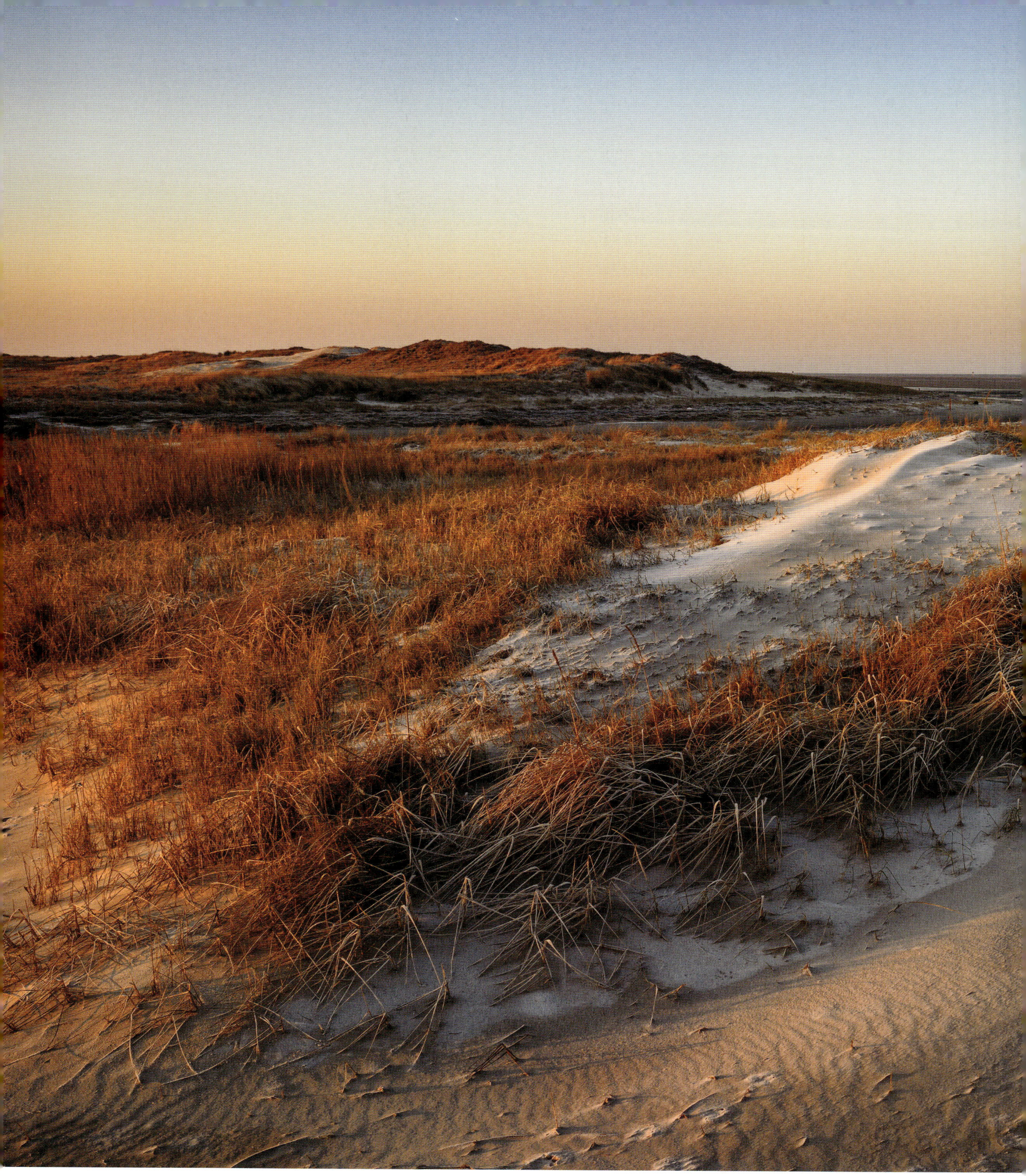

Schon Düne oder noch sandiges Wattufer? Die Übergänge sind fließend am Ende der Strände St. Peter-Ordings. Während der Queller noch in die Höhe ragt, liegt der Strandhafer schon am Boden. Die bekannteste Pflanze der Nordsee-Dünenwelt ist aber dank ihres enormen Wurzelwerks äußerst robust. Und sorgt durch diese teils Kilometer lange unterirdische Verästelung auch für die Befestigung der Umgebung.

Von Seenebel und Speedritten – auf Entdeckungstour an Strand und Wattenmeer

Ähnlich abwechslungsreich wie die Farben des Himmels ist am Wattenmeer auch die Beschaffenheit des Bodens. Während man im Schlickwatt schnell mal knietief versinken kann, geht es sich besonders gut auf den „Rippelmarken" des Sandwatts. Wellengang und Wind sorgen für die charakteristischen Wellenmuster und mancher Fuß empfindet den Gang darüber als wohltuende Reflexzonenmassage.

Im März werden sie an den Strand gefahren, spätestens im Oktober wieder abgeholt und ein jeder von ihnen wiegt 100 Kilogramm: Die 1250 Strandkörbe, die von der Kurverwaltung in St. Peter-Ording verwahrt und vermietet werden, sind in der Hochsaison schnell ausgebucht. Deutlich einfacher in der Handhabung als ein Strandzelt, das man sich selbst mitbringen und aufbauen muss, hat der Komfort durchaus seinen Preis – die Miete eines Strandkorbs beträgt während der Hauptsaison zwölf Euro am Tag.

Der Verlockung, einen eigenen steigen zu lassen, sind wir selbst mehrfach erlegen – und fast nie blieb der Drachen länger als zehn Sekunden in der Luft. Es bedarf hier also einer gewissen Übung, womöglich sogar eines entsprechenden Talents. Menschen, die diese Kunst beherrschen, begegnet man beim alljährlichen Drachenfest auf dem Eventgelände am Ordinger Strand. Dann ist der Himmel bunt und wer wissen möchte, wie das funktioniert mit dem Lenkdrachenfliegen, kann sich Nachhilfe holen bei der ortsansässigen Flugschule.

Von Seenebel und Speedritten – auf Entdeckungstour an Strand und Wattenmeer

Getrieben vom Wind, sausen sie mit einem flotten Tempo über den Strand: Bis zu 100 Kilometer pro Stunde kann ein Kite-Buggy erreichen. Wer einen fahren will, braucht eine entsprechende Lizenz und die erwirbt man in der Kite-Buggy-Fahrschule am Ordinger Strand. Strandwandernde sollten derweil die Markierungen beachten auf der weiten Sandfläche zwischen Ording und St. Peter-Bad, denn die Kollision mit einem Kite-Buggy bedeutet Lebensgefahr.

Gewagte Sprünge: Vom Strand St. Peter-Ordings nicht mehr wegzudenken, sind die Menschen auf den kleinen Brettern mit den großen Schirmen. Entstanden ist das Kitesurfen erst in den 90er Jahren, blies dann aber rasant das Windsurfen vom Thron der Wassersportarten und seit 2018 bildet das Kiten nun auch eine eigene olympische Disziplin. Wer es in St. Peter-Ording erlernen möchte, findet vor Ort ein breit gefächertes Kursangebot.

Besonders bunt am Ordinger Strand wird es zur Sommerzeit, wenn dort die „Kitesurf Masters" ausgetragen werden. Auf dem Sand ist dann eine weiße Zeltstadt aufgebaut, darin können sich die Teilnehmenden auf ihre Wettkämpfe vorbereiten, und die Sponsoren zeigen, was sie so zu bieten haben, wie zum Beispiel strandtaugliche Multivans. Schaulustige finden zudem ein buntes gastronomisches Angebot – von der asiatischen Gemüsepfanne bis zum norddeutschen Krabbenbrötchen.

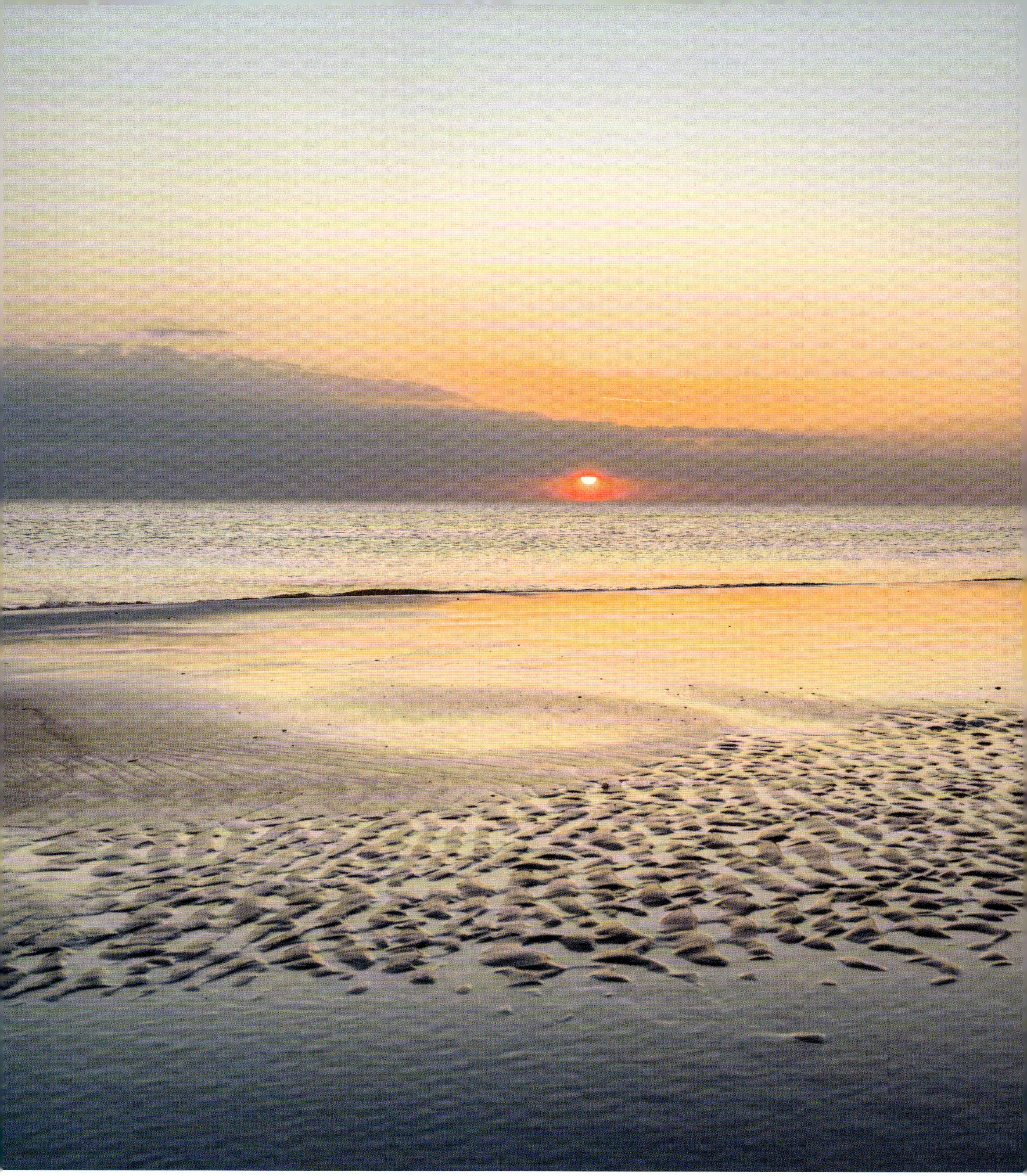

Wohl niemals sattsehen werden wir uns bei einem Nordseeurlaub daran, wie der rotglühende Sonnenball im Meer versinkt. Während der Sommerzeit versammelt man sich abends auf den Deichen, ausgestattet mit Kamera, Fotohandy und vielleicht sogar mit einem Getränk. Wer mag, kann sich auch einer Gruppenveranstaltung anschließen: Die Urlauberseelsorge lädt regelmäßig ein zu den *Sonnenuntergangsgedanken* am Südstrand und die Schutzstation Wattenmeer zu einer *Wattwanderung in den Sonnenuntergang.*

Den Wattboden betritt man am besten barfuß oder mit Gummistiefeln. Wetterfeste Kleidung ist ebenfalls von Vorteil, denn der Westwind verursacht am Strand schnell einen kühlen Kopf. Wer nur mit einem Strickjäckchen nach St. Peter-Ording verreist, findet im Ortsteil Bad genügend Geschäfte, um dieses mit einem zünftigen Strand-Outfit zu überdecken. Mindestens genauso wichtig für einen Spaziergang am Meer ist die Beachtung des Gezeitenkalenders. Den erhält man online, aber auch in gedruckter Form in den Tourismus-Informationen in der Dünentherme und am Marktplatz von St. Peter-Dorf.

Von Seenebel und Speedritten – auf Entdeckungstour an Strand und Wattenmeer

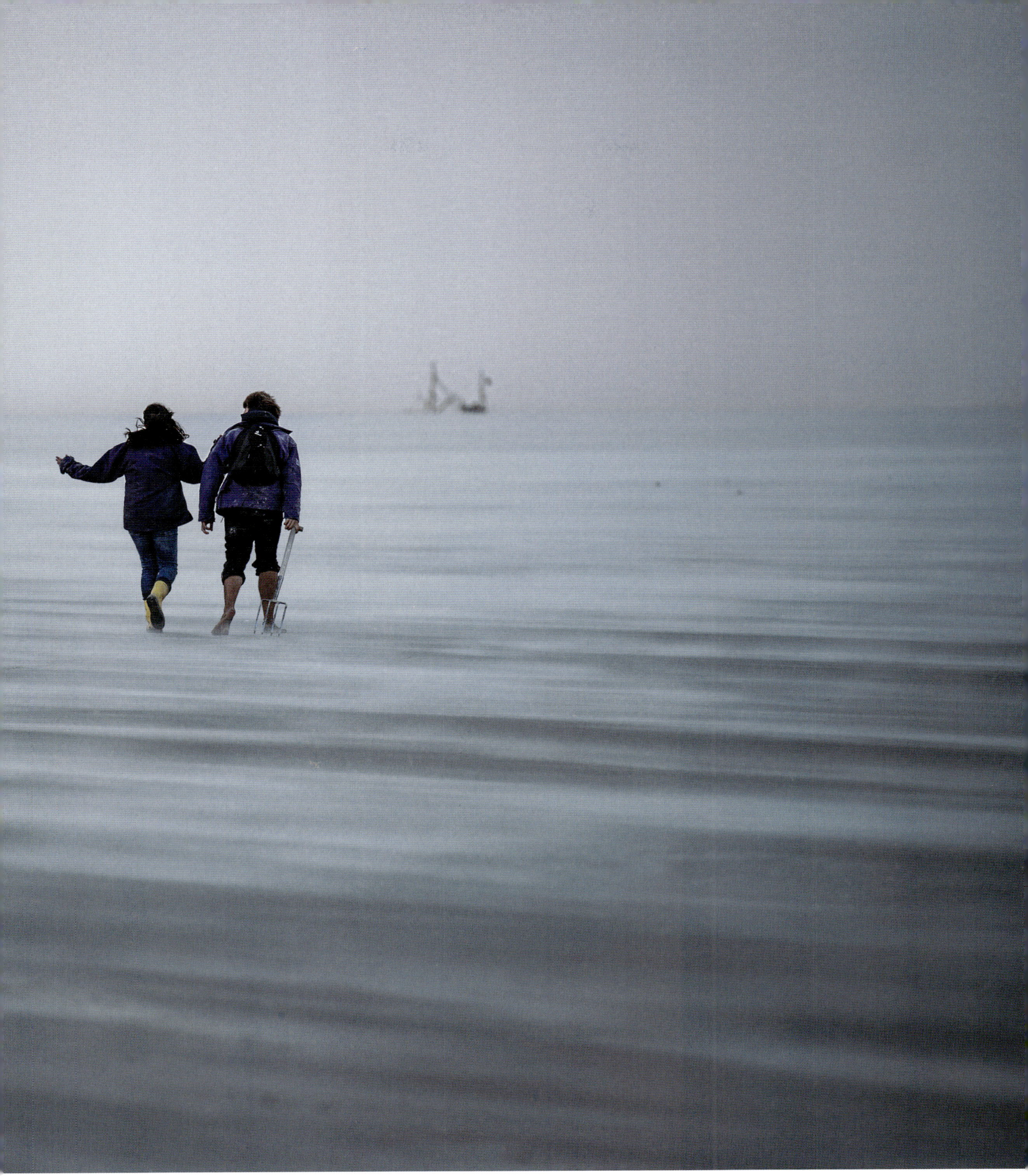

Das Gold der Nordsee liegt meist nicht auf dem Präsentierteller: Wer nach Bernsteinen sucht, braucht Geduld, einen geübten Blick, die passende Tide und das richtige Wetter. Empfehlenswert sind Niedrigwasser und die Zeit nach einem Regenguss. Dann wurde so einiges an den Strand gespült, vieles natürlich, was kein Bernstein ist, aber ausgeschlossen ist es keineswegs, am Ordinger Strand sein eigenes Gold zu finden. Wie aus dem zunächst matten Stein ein echtes Glanzstück wird, erfährt man bei Boy Jöns im Bernsteinmuseum in der Dorfstraße von St. Peter-Dorf.

Von wegen Ödnis – die Oberfläche des Watts ist nahezu vollständig bedeckt von mikroskopisch kleinen Algen- und Bakterienkolonien. Und im Untergrund agiert der Wattwurm. Der *Gärtner des Wattenmeers* stellt mit über einer Milliarde Exemplare die weltweit größte Wurmpopulation. Das überaus fleißige Tierchen frisst den ganzen Tag über Sand, verdaut somit die ein bis zehn Prozent organischen Reste, die sich im Watt befinden, und schießt dann alle 45 Minuten eine drei bis fünf Zentimeter lange Kotschnur durch die Wattoberfläche. Dieses Procedere sorgt nicht nur für lustige *Spaghettihügel,* sondern auch dafür, dass das Sandwatt sandig bleibt.

Wer auf eigene Faust durchs Watt marschiert, sollte zwingend die Gezeiten beachten und niemals bei Flut aufbrechen. Und wem es trotzdem zu riskant ist, nimmt besser teil an einer geführten Wattwanderung. Angeboten wird das in St. Peter-Ording und Westerhever von der Schutzstation Wattenmeer, in Vollerwiek unter anderem vom NABU-Zentrum im Katinger Watt. Fachkundig geführt, erblickt man dann vielleicht nicht sämtliche der über 10 000 Tier- und Pflanzenarten, die sich im Weltnaturerbe Wattenmeer verbergen, höchstwahrscheinlich aber die sogenannten Small Five: Strandkrabbe, Herzmuschel, Nordseegarnele, Wattschnecke und Wattwurm.

Von Seenebel und Speedritten – auf Entdeckungstour an Strand und Wattenmeer

Life is better at the beach. Ein Postkartenspruch mit Wahrheitsgehalt: Menschen, die sich am Strand befinden, so die Beobachtung von medizinisch Forschenden, verspüren nicht nur weniger Stress und Angst, sie haben auch einen ruhigeren Puls- und Herzschlag. Zudem sorgt ein Aufenthalt am Meer für die Ausschüttung von Glückshormonen wie Serotonin und Oxytocin. Und dass die frische Seeluft den Bronchien guttut, wusste man in St. Peter-Ording schon zu Beginn des vergangenen Jahrhunderts. Damals eröffnete das Ehepaar Felten das erste Sanatorium auf der Halbinsel. Zu den hauptsächlichen Aufgaben der Kurgäste zählte damals vermutlich schon ein Spaziergang am Strand.

VON BUNKERKINDERN UND BULLYUNTERKÜNFTEN – DER STETIGE WANDEL ST. PETER-ORDINGS

Früher fuhren wir nach St. Peter, heute fahren wir nach *SPO*. Es hat sich viel geändert in Deutschlands einzigem Nordseeheil- und Schwefelbad. Aber bevor wir über *Syltisierung, Frieserei* und *Overtourismus* sprechen, gehen wir einmal zurück ans Ende des 19. Jahrhunderts. Nach der Eröffnung einer ersten touristischen Unterkunft im Jahre 1870 ging es zunächst etwas schleppend voran mit den Feriengästen – der Weg war ja auch weit an den westlichsten Zipfel der Halbinsel, die Bahn erreichte St. Peter erst ab 1932. Als aber in Hamburg 1892 die Cholera wütete, zog es die Menschen, die sich das leisten konnten, an die sichere Küste. Weil es hier doch hübscher war, als man zunächst gedacht hatte, sprach sich das herum unter den Hamburgern und 1895 erschien auch prompt der erste St. Peter-Reiseführer. Mondän wie in manchen Badeorten an der Ostsee wurde es an der Nordsee trotzdem nicht. In St. Peter genoss man vor allem die frische Luft und als das Ärzteehepaar Felten 1913 hier das Sanatorium „Goldene Schlüssel" eröffnete, erkannte der Ort seine heilsame Wirkung und wurde so etwas wie ein Wallfahrtsort für alle, die es an den Bronchien hatten.

Besonders betraf das die Kinder. Und die fanden Platz in den zahlreichen Heimen, die sich in St. Peter nun ausbreiteten. Bis zum Beginn des Zweiten Weltkriegs waren es 19 – während des Krieges auch belegt durch evakuierte Kinder aus den großen Städten – und danach, als es darum ging, die sogenannten Bunkerkinder mit frischer Nordseeluft aufzupäppeln, wuchs die Zahl der Kinderheime in St. Peter noch einmal auf 30. Heutzutage gibt es kein einziges Heim mehr, das letzte, Haus „Tannenblick", schloss 2008. Geblieben sind den längst Erwachsenen, die sich am Nordseestrand erholen durften, sicher auch viele gute Erinnerungen, mittlerweile haben sich in der „Verschickungskinder"- Initiative aber auch zahlreiche Menschen zusammengeschlossen, die gelitten haben in den Heimen unter einer Erziehung im Stile der „Schwarzen Pädagogik".

Kritisches Bewusstsein gibt es auch an anderer Stelle: Im Heimatmuseum zeigt eine Sonderausstellung die Auseinandersetzung der Schülerinnen und Schüler des Nordseegymnasiums mit der Zeit des Nationalsozialismus in St. Peter-Ording. Und die Tourismuszentrale beschäftigt sich unterdessen mit der Frage des *Overtourismus*. Wie kann es gelingen, die einzigartige Landschaft mit dem UNESCO-Weltnaturerbe Wattenmeer, den Dünen und den Salzwiesen so zu bewahren, dass die Strandsegler mit ihren Kite-Buggys hier genauso ihren Raum haben wie Seeschwalben, Austernfischer und Regenpfeifer?

    2022 zählte der Ort 2,7 Millionen Übernachtungen. Mittlerweile gibt es mehr Menschen, die in St. Peter-Ording einen Zweitwohnsitz halten als einen Erstwohnsitz. Der Traum vom eigenen Häuschen oder einer kleinen Ferienwohnung am Meer erlebte seinen ersten Boom in der „Goldgräberzeit" der 50er und 60er Jahre. Die schönen Strandvillen im Mansart-Stil, benannt nach dem französischen Architekten Jules Hardouin-Mansart (1646–1708), wichen und was kam, waren praktische Bauten mit vielen abgeschlossenen Einheiten. Besonders hoch in den Himmel ragt seither die Atlantis-Wohnanlage am Alten Badweg. So zeigt sich auch die Skyline, die man vom Strand kommend, auf der über 1000 Meter langen Seebrücke erblickt, nicht als besonders pittoresk.

    Wer es malerischer haben möchte, geht ohnehin nach St. Peter-Dorf. Dort ragt außer dem Kirchturm nichts in die Höhe und die Friesenhäuser, die hier im Ortskern stehen, haben einen Garten, in dem es zur Sommerzeit farbenprächtig blüht. Sie sind also nicht umschlossen von einem Friesenwall, dem Sinnbild der „Frieserei". Die bescherte den Eiderstedtern in den letzten Jahrzehnten sehr viele „falsche Friesenhäuser". Die warten zwar auf mit Friesendach und Friesengiebel, haben aber ganz andere Proportionen als ein herkömmliches Friesenhaus. Verkaufen lassen sie sich trotzdem gut und, weil man „unter Reet" wohnt, auch lukrativ vermieten. Ob sie mitverursachend sind für den Boom, der St. Peter-Ording seit Beginn des 21. Jahrhunderts zuteil wurde, oder sein Ergebnis, lässt sich schwer sagen. Mittlerweile ist der Besitz einer solchen Immobilie auf jeden Fall ähnlich unerschwinglich wie auf Sylt. Apropos: Seit Jürgen Gosch im Jahr 2008 mitten auf der gerade neu gestalteten Seepromenade eine Dependance eröffnete, lässt sich der Seefisch hier ähnlich gesellig verspeisen wie in Goschs Alter Bootshalle in List auf Sylt.

 Dass man nach St. Peter-Ording nicht nur wegen seiner heilsamen Wirkung fährt, zeigte bereits zehn Jahre früher die Serie „Gegen den Wind". Coole junge Leute suchten auf dem Surfbrett nach der perfekten Welle und in der Folge kamen sie dann auch in echt nach St. Peter, die jungen Leute mit ihren Brettern, Segeln und den dazugehörigen VW-Bullys. Seit 2013 findet sich dazu auch eine entsprechende Unterkunft – das Beach Motel in Ording offeriert für den Bully den passenden Stellplatz. Erbaut im Stil von Hotels an der amerikanischen Ostküste, verpasste es Ording auch gleich noch einen weiteren Look, nämlich den der Hamptons. Aber auch im Ortsteil Bad entstanden neue Hotelkonzepte. Der von uns als ziemlich klobig wahrgenommene Neubau des „Urban Nature" an der Kurpromenade lockt trendbewusste Menschen mit dem Versprechen, Natur und Urbanität ganz lässig miteinander zu verbinden und landete damit im Januar 2023 prompt unter den Top 100 des Reisemagazins Geo Saison. Nur wenige Meter weiter findet sich eine weitere Novität. Gefertigt aus sibirischer Lärche und vier Stockwerke hoch, eröffnete hier im Juni 2023 der erste Pfahlbau hinter der Deichlinie. Peu à peu füllen sich seither die sieben kubenförmigen Elemente mit so einigem, was es braucht für ein zeitgemäßes *Erlebnis Hus*. Vom 300 Quadratmeter großen Indoorspielplatz, über eine Koch- und Backinsel bis hin zum „Workation-Bereich für das mobile Arbeiten von Einheimischen und Urlaubsgästen".

 Wie gesagt: Es hat sich viel geändert in Deutschlands einzigem Nordseeheil- und Schwefelbad.

Am südlichen Ende des zwölf Kilometer langen Sandstrands von St. Peter-Ording liegt Böhl. Ein wenig verschlafen wirkend, hat der Ortsteil zwar noch immer kein Hotel, dafür aber neue Friesenhäuser mit großen Gärten. Ein beliebtes Ausflugsziel ist der Böhler Leuchtturm. An seinem Fuße stehen Bänke. Sitzt man auf ihnen, blickt es sich über die Salzwiesen hinweg zum Böhler Strand. Der ist gerade wegen seines flachen Wassers bei Familien mit kleinen Kindern sehr beliebt und, wie der in Ording, auch erreichbar mit dem Auto. Wer auf ein eigenes Fahrzeug verzichten möchte, kann sich auch in den Ortsbus setzen und dort mit gültiger Gästekarte direkt zum Strand vorfahren.

Blick ins Weite: Direkt auf den Deich gebaut wurde diese Aussichtsplattform in St. Peter-Bad im Zuge der Neugestaltung der sogenannten Naturerlebnis-Promenade. Von hier schaut es sich über die Salzwiesen bis weit nach vorn zum Meer. Und steigt man den Deich hinab, gibt es auf besagter Promenade viel Naturnahes zu bestaunen, wie zum Beispiel ein hübsch angelegtes Biotop mit Liegemöglichkeit. Die Themenspielplätze sparen die umliegende Natur auch nicht aus – die Kinder werden hier empfangen von Holzversionen der Big Five (Seeadler, Seehund, Schweinswal, Kegelrobbe und Stör).

Der Himmel ist weiter und die Wolken ziehen schneller – oder bilden wir uns das nur ein? Tatsächlich ändert sich das Wetter an der Nordsee meist rascher als im Binnenland. Verantwortlich dafür ist die sogenannte Küstenkonvergenz. Der Nordwind treibt Luftmassen zur Küste, dort werden sie abgebremst und so entstehen am Strand besonders dichte Wolkenformationen. Aber auch die lösen sich oft so schnell, wie sie gekommen sind, wieder auf.

Von Bunkerkindern und Bullyunterkünften – der stetige Wandel St. Peter-Ordings

Was im Kurzentrum von St. Peter-Bad so manchem fehlt, findet sich in St. Peter-Dorf: Friesenhäuser. Einige, wie auch dieses hübsche Ensemble, wurden erst in diesem Jahrhundert erbaut und sind ganz ausgerichtet auf die Vermietung „unter Reet". Gelegen im kleinen Sträßchen Kattrepel, ist es von hier nicht weit zur *Historischen Insel*. Einen Eiskeller gilt es da unter anderem zu besichtigen oder auch das *Backhus*. Wenn es dort schön duftet, wurde vermutlich gerade frisches Brot gebacken, womöglich sogar eines von einem Urlaubsgast. Denn die Option besteht: Wer einen Teig hat, darf ihn, wenn der Ofen an ist, gern vorbeibringen.

Zwei Frauen in Tracht, drei Schiffe und ein Trinkspruch: Damit ist für die nicht als redselig bekannten Menschen auf Eiderstedt vermutlich vieles gesagt über ihre Heimat. Die drei Schiffe entstammen dem Eiderstedter Wappen und symbolisieren die ehemaligen drei *Harden* Utholm, Everschoop und Eiderstedt. Der Satz „Et gah uns wol up unse olen dage" wird der jungen Martje Flors zugeschrieben. Geistesgegenwärtig prostete die erst Zehnjährige ihn während der Belagerung Tönnings einer Gruppe feindlicher Soldaten entgegen. Seither trinkt man in Eiderstedt zum Wohle der unerschrockenen Martje Flors. Und das schöne Schild findet sich an einigen Ecken Eiderstedts, unter anderem an der Hauswand vom „Kiek In" in der Olsdorfer Straße in St. Peter-Dorf.

Und so sieht ein Friesenhaus im Original aus. Am Ende von Kattrepel steht *Haus Deichfrieden*. Der bewundernde Blick auf dieses so geschmackssicher erhaltene Kleinod friesischer Baukunst und auch in den bunten Garten ist durchaus erlaubt, ja, sogar erwünscht. Neben der grünen Haustür hängt nämlich ein Kulturpunkt-Schild des Vereins „Eiderstedter Kultursaison". Im hübschen Friesengarten finden sich neben den vielen Pflanzen und Vogelhäuschen auch zahlreiche Kunstwerke.

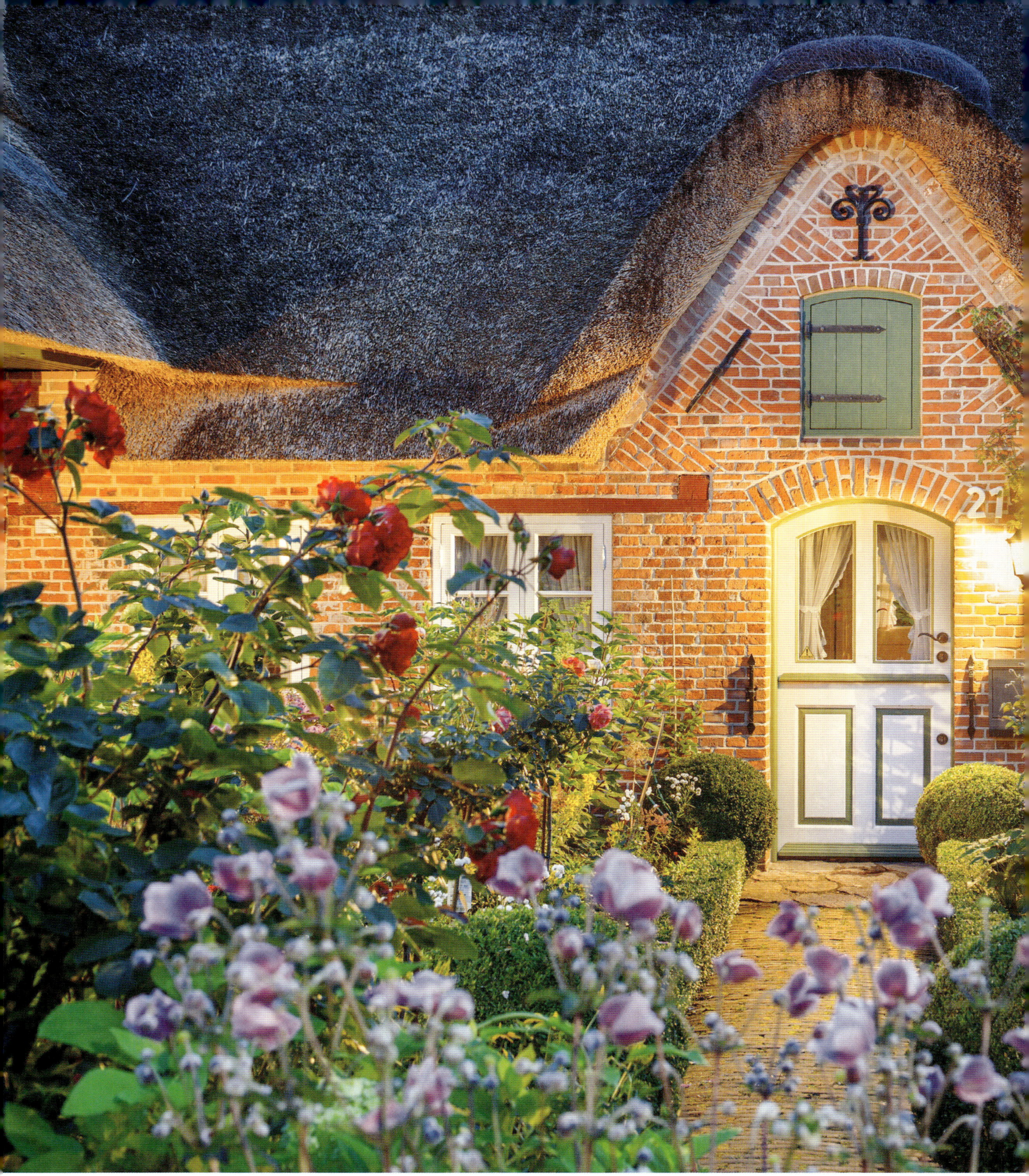
21

Wer schon einmal durch St. Peter-Dorf spaziert ist, hat hier, sofern es nicht später Herbst oder Winter war, mit Sicherheit für einen Moment verweilt. Kaum irgendwo blüht es so farbenfroh und prächtig wie vor diesem Friesenhaus in der Dorfstraße 21. Gut zu sehen ist hier auch die sogenannte Klöntür. Zweigeteilt lässt sie sich oben öffnen und bleibt untenrum geschlossen. Das erlaubt den Plausch, zum Beispiel mit dem Postboten, verhindert aber auch, dass währenddessen die Hühner (die Katze, der Hund) ins Haus hineinlaufen.

Ein weiteres Schmuckstück friesischer Baukunst findet sich unterhalb der Kirche St. Peter, in der Olsdorfer Straße 6 in St. Peter-Dorf. Beheimatet ist dort das *Museum Landschaft Eiderstedt*. Mit dem Selbstverständnis als „Langzeitgedächtnis der Landschaft" erzählt das Friesenhaus sehr viel Wissenswertes über eine Gegend, „die dem Meer abgerungen wurde", und darüber hinaus auch über die Menschen, die in und mit ihr lebten. Heiraten kann man in dem über 250 Jahre alten Bauernhaus übrigens auch – und zwar in der „guten Stube".

Von Bunkerkindern und Bullyunterkünften – der stetige Wandel St. Peter-Ordings

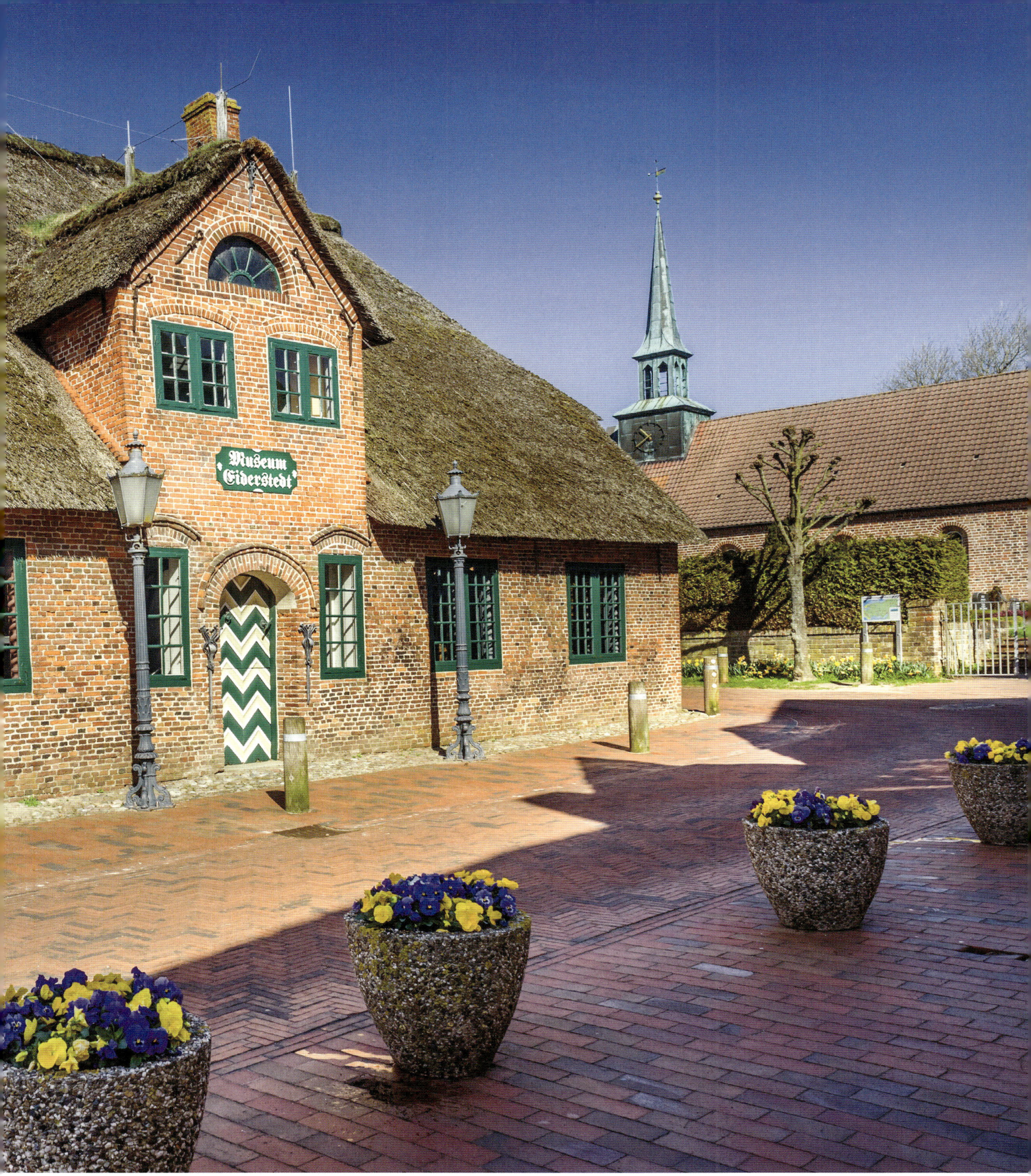
Museum
Eiderstedt

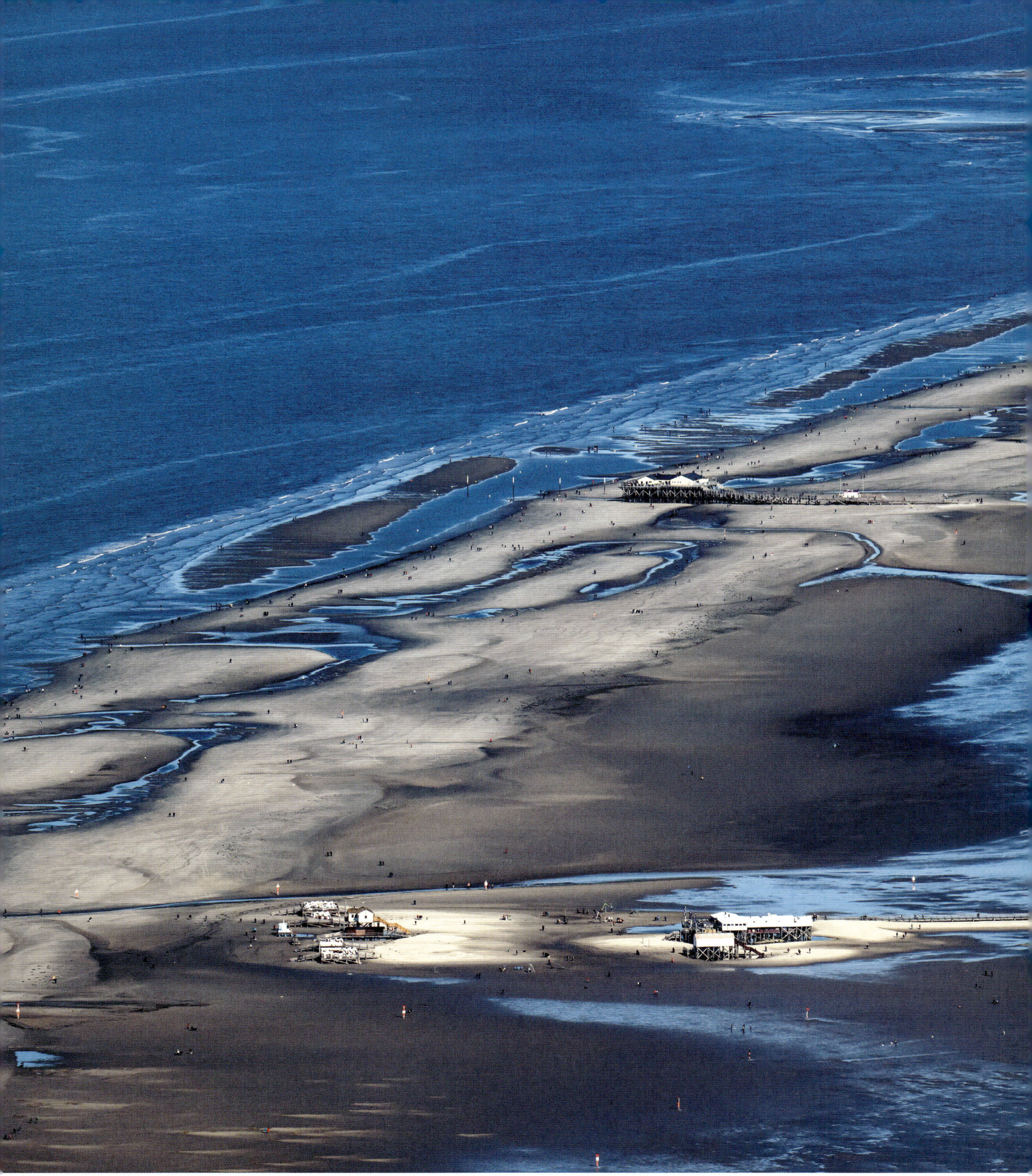

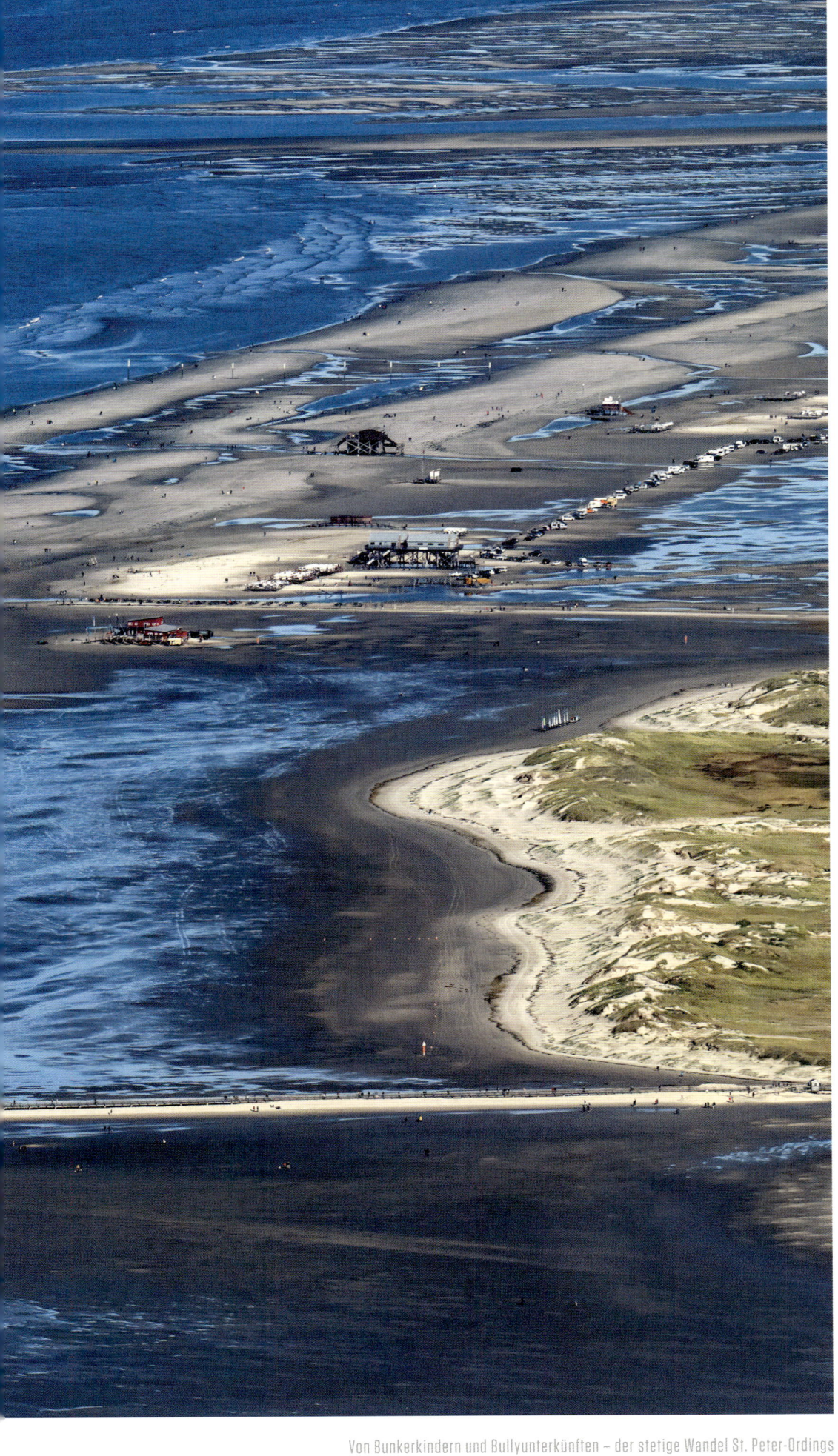

Während man in Ording und Böhl die Strecke zum Strand mit dem Auto zurücklegen kann, geht das in Bad, dem Zentrum St. Peter-Ordings, nicht. Dafür gibt es die bereits erwähnte 1000 Meter lange Seebrücke. Familien nehmen hier für die Beförderung von Kind und Kegel gern einen Bollerwagen und wer zwischendurch schlapp macht, kann auf diversen Sitzgelegenheiten verschnaufen. Angekommen am Strand, empfängt die Arche Noah mit internationaler Küche – von *Penne Nordsee* bis zum *Australischen Rumpsteak*.

Wer sich danach die Beine vertreten und nicht auf direktem Weg nach Bad zurückkehren will, läuft an der Wasserkante entlang nach Ording. In der Strandbar *54 Grad Nord* kann man dann erneut einkehren.

Von Bunkerkindern und Bullyunterkünften – der stetige Wandel St. Peter-Ordings

Das mit dem Dünen- und dem Küstenschutz gilt nicht so ganz für diese Düne am Ordinger Strand. Sie steht quasi in Alleinlage neben dem Holzsteg für die zu Fuß zum Strand Gehenden und verlockt nicht nur kleine Kinder, sie zu erklimmen. Oben angekommen, zeigte einige Jahre lang ein Holzschild auf, dass man hier durchaus mal ein Foto knipsen darf. Das Schild war nämlich kein gelbes und beinhaltete auch keine Warnung, es bestand aus Holz und drauf geschrieben stand, was man von hier aus sehen kann: *Weltnaturerbe Wattenmeer*. Mittlerweile verschwunden, hat es vermutlich den Stürmen nicht mehr standgehalten.

VON STRANDFLIEDER UND KRÖTENWEGEN – UNTERWEGS IN SALZWIESEN UND DÜNEN

Auf unseren beiden liebsten Spazierwegen in St. Peter-Ording bleiben wir selbst in der Hochsaison meistens allein. Dabei ist der erste Weg noch nicht einmal versteckt, sondern beginnt an prominenter Stelle: Gleich am Beginn der Seebrücke in Bad führt eine Treppe hinunter zu einem Pfad durch die Salzwiesen. Die erstrecken sich weit über das Deichvorland Richtung Meer. Wer hier entlangwandert, findet Stille und unberührte Natur. Wer zudem noch wissen will, was hier so alles sprießt, kommt aus dem Entdecken so schnell nicht mehr heraus.

    In diesem ungewöhnlichen Lebensraum, der immer mal wieder vom Salzwasser überschwemmt wird, hat sich nämlich eine sehr spezialisierte Flora angesiedelt. Auch wenn die Salzwiesen auf den ersten Blick wie eine große homogene Weite wirken, die je nach Jahreszeit eher grün-blau oder grau-braun erscheint, ist die Pflanzenvielfalt erstaunlich. Der überwiegend feste, vereinzelt sumpfige Pfad, für den sich auch bei trockenem Wetter wasserfestes Schuhwerk empfiehlt, schlängelt sich durch alle drei Vegetationszonen des Vorlands: Die oberen Salzwiesen, die 25- bis 70-mal im Jahr überflutet werden, bieten den größten Artenreichtum. Ein besonderer Farbtupfer ist hier das von Mai bis August altrosa-weiß blühende Strand-Milchkraut. Weiter meerwärts, in den unteren Salzwiesen, die über 100-mal überschwemmt werden, setzen die Strandaster und der Strandflieder im Spätsommer violette Akzente. Und in der Pionierzone, die bei nahezu jeder Flut unter Wasser steht, hat sich als Blütenpflanze der Queller breitgemacht, das einzige Gewächs, das Salzwasser nicht nur erduldet, sondern zum Überleben braucht. Die fleischigen Sprossachsen werden auch als Salat geschätzt – von Gourmets, die Salziges lieben. Wer lieber Süßes mag, wird am Ende des Salzwiesenpfads im Pfahlbau SPO-Dorf fündig. Nach der Stärkung lässt sich die Salzwiesen-Erkundung in südlicher Richtung fortsetzen. Bald hinter der Strandkorbplattform führt links ein Naturweg zurück an den Deich.

Zeit, um die Fauna der Salzwiesen zu würdigen: Der flüchtige Beobachter nimmt vielleicht nur die Kaninchen wahr, die sich hier überall tummeln und mit ihren Höhlen für manche Stolperfalle auf den Wegen sorgen. Wer sich bückt und ein Auge für Details hat, entdeckt eine reiche Insektenwelt in diesem scheinbar kargen Lebensraum, die wiederum viele Vogelarten zum Brüten anlockt oder zum Rasten auf ihren langen Strecken durch Europa. Die Salzwiese als Rastplatz nutzt auch ein besonders schöner Wanderfalter: der schwarz-weiß-rote Admiral. Manche Exemplare dieser Gattung fliegen im Herbst von Skandinavien bis Mitteleuropa. Sie stärken sich an dem reichen Blütenangebot der Strandastern.

Lange führten die Salzwiesen im touristischen Leben an der Küste eher ein Schattendasein. Im Zuge des Ausbaus der Strandpromenade von SPO wurde nun ein 4,6 Hektar großer „Erlebnisraum" eingerichtet, der diese besondere Zwischenwelt von Meer und Land mit Beobachtungsplattformen und interaktiven Infoelementen den Gästen näherbringt.

Nun zu unserem zweiten Lieblingsweg. Er beginnt ein wenig versteckt vor dem Kassenhäuschen am Strandübergang Ording-Süd und führt geradewegs durch die Dünen. Mit gutem Grund gilt in den „Alpen der Nordsee", wie sie mal ein Marketing-Scherzbold nannte, ein großflächiges Betretungsverbot. Zu empfindlich ist der Strandhafer, der die Dünen einigermaßen windfest macht, zu schreckhaft sind die Vögel, die hier brüten. Und doch gibt es an ausgewählten Stellen die Möglichkeit, auch diese Landschaftsform per pedes zu erkunden wie auf diesem Weg zwischen Ording-Süd und Ording-Nord. Nach etwa 100 Metern führt rechts eine Holztreppe zu einem kleinen Aussichtsplateau in der Nähe der Wetterstation: ein Logenplatz für Sonnenuntergänge und Sternenbeobachtungen. Weiter führt der Weg durch Besenheide und Silbergras, Moosbeeren und Wollgräser. Nach einem kurzen, heftigen Anstieg auf den Dünengipfel mündet der Pfad schließlich in den breiten Sandstrand.

Das gesamte Schutzgebiet „Dünen St. Peter" erstreckt sich über knapp sechs Kilometer zwischen Ort und Strand – und ist das größte Küstendünengebiet auf dem schleswig-holsteinischen Festland. Durch den Klimawandel ist die aus geologischer Sicht junge Landschaftsform bedroht: Sollte der Meeresspiegel bis 2100 um einen halben Meter steigen, können die Dünen schweren Sturmfluten kaum noch standhalten. An der TU Braunschweig wird gerade erforscht, wie man das Ökosystem ohne weiteren Deichbau doch noch erhalten kann. Dazu wurden Dünen von SPO in einem Maßstab von 1:7 in einem Wellenkanal nachgebaut und die Wucht eines Jahrhunderthochwassers wie Xaver 2013 simuliert. Möglicherweise, so die Erkenntnisse des Forschungsteams, helfen Kokos- und Flachsmatten bei der Stabilisierung der anfälligen Landschaftsform, vielleicht auch die verstärkte Anpflanzung von Schwarzkiefern. Hauptsache, man braucht keinen Beton. Zum Schutz der Dünen würden wir unseren Spazierpfad auch wieder den kleinen Kröten überlassen. Die kreuzen hier immer besonders zahlreich unseren Weg, wenn es Zeit ist, Abschied zu nehmen. Im späten August, am Ende der Sommerferien, kurz, bevor der Herbst beginnt.

Spazierengehen kann man in St. Peter-Ording auch kilometerweit auf dem Deich. Von Ording aus nach Norden, den Westerhever Leuchtturm fest im Blick, begegnet man hier auch sehr vielen Schafen. Gewohnt an vorbeiziehende Menschen, lassen sie sich beim Grasen nicht stören, blöken nur manchmal höflich zurück, wenn man sie freundlich grüßt. Und als kostenloses Souvenir hinterlassen sie für daran Interessierte auch gern das eine oder andere Wollbüschelchen.

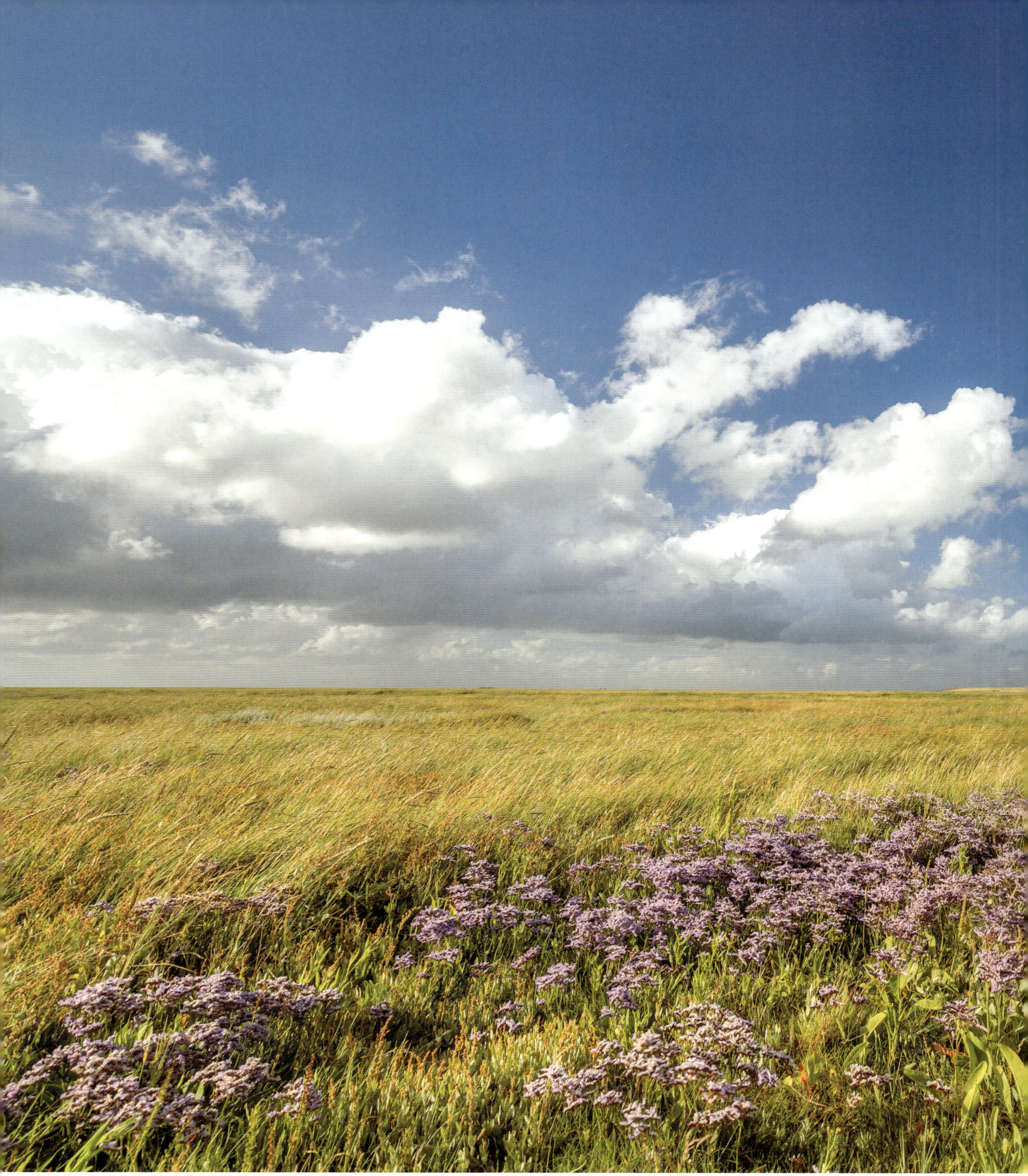

Blüht es lilafarben in den Salzwiesen, geht der Sommer zu Ende. Der Strandflieder zeigt sich in seiner Farbenpracht erst im August und September. Wird es dann richtig herbstlich, verfärbt er sich vorm Verblühen, ähnlich wie das Laub der Bäume, noch einmal rot und gelb. Hängt man ihn allerdings, wenn er noch schön lila ist, zum Trocknen auf, hält sich die Farbe für sehr lange Zeit. Und weil das so verlockend ist, steht der *Meerlavendel* streng unter Naturschutz.

Von Strandflieder und Krötenwegen – unterwegs in Salzwiesen und Dünen

Schaut man genauer hin, sieht er aus wie ein Mini-Kaktus: Stachelig sind die feinen Spitzen des Quellers aber nicht, sonst hätten sie vermutlich auch nicht den Weg gefunden in die Delikatessenküche. Die „Wattsalzstange" schmeckt, wenig überraschend, recht salzig, ist reich an Nähr- und Mineralstoffen und wird dort, wo sie wächst, mehrmals am Tag vom Wasser überspült. So ist der Queller, der das Salzwasser zum Überleben braucht, auch nützlich für den Schlickfang und die Landgewinnung. Als Blütenpflanze im Wattenmeer wechselt er ab September seine grüne Farbe (oben) und wird zunächst rot (unten), dann braun. Nach einer recht kurzen Lebenszeit von sieben Monaten verabschiedet sich der Queller im Oktober – was bleibt, sind nur seine Samen und die sorgen im nächsten Frühjahr für eine neue „Meeresspargel"- Generation.

Und mitten durch die Salzwiese fließt ein Priel: Wer trockenen Fußes bleiben will, passt also besser auf beim Salzwiesenspaziergang. Bei anhaltendem Frost kann das Wasser aber auch gefrieren und ein zugefrorener Priel lässt sich leichter überqueren, womöglich sogar mit Schlittschuhen befahren. Für den Menschen reizvoll ist eine Vereisung in den Salzwiesen, für die Wattvögel aber ein Problem. Ihrer üblichen Rastgebiete beraubt, suchen sie bei solchen Wetterszenarien Schutz im Binnenland.

Geht man auf dem Deich entlang von Bad nach Ording, landet man im Wald. Und weil dort auch Dünen stehen, bieten sich immer wieder erhabene Ausblicke. Ein bisschen weiter weg ist das Meer aber schon, als das Objektiv des Fotografen es uns hier weismachen will. Der Nordseewind weht uns jedoch auch hier entgegen und das Meeresrauschen ist im Dünenwald ebenfalls zu vernehmen. Bilden wir uns zumindest ein ...

Drei Kilometer lang zieht sich der Kiefern- und Dünenwald von Ording nach Dorf. Teile davon sind als „Nordsee-Fitness-Park" ausgewiesen und mit entsprechenden Routenbeschilderungen versehen. Gedacht ist das vor allem für Wandernde und Walkende, aber die Durchquerung mit dem Fahrrad ist durchaus auch erlaubt. Nur allzu schnell sollte man nicht fahren, denn die Sandböden sind an nicht wenigen Stellen durchzogen von dicken Wurzeln.

Hier war das Wasser stärker als das Holz. Die Salzwiesen vor dem Deich in St. Peter-Ording sind zwar nicht selten überflutet, dienen aber auch als Weidefläche. Anzutreffen sind hier Kühe, Schafe, Pferde und mancherorts auch Angusrinder oder Galloways. Da das Wasser vor den Umzäunungen nicht Halt macht, ist Wachsamkeit geboten und manches Tier hat sich, wenn nicht rechtzeitig gehandelt wurde, auch schon selbst in Sicherheit gebracht. Beliebt sind die Salzwiesen auch bei Menschen, die gern reiten. Der Reiterhof Dreililien, in St. Peter-Dorf direkt hinter dem Deich gelegen, bietet entsprechende Ausritte an – nach gesittetem Trab durch die Salzwiesen endet das dann, sofern es die Reitkünste zulassen, mit einem flotten Galopp am Strand.

Endlose Weite und paradiesische Zustände für Vierbeiner: Etwa 800 Meter hinter der Badeaufsicht am Strand von Ording-Nord befindet sich eine Hundeauslaufzone. Erreicht werden kann die auch gut vom Parkplatz Hungerhamm.
An den übrigen Strandabschnitten gibt es ebenfalls Bereiche für Hunde, nur herrscht dort – ebenso wie in den Dünen – Leinenzwang. Beliebt bei Besitzern bellender Haustiere ist St. Peter-Ording auch an Silvester. Denn dann herrscht hier, abgesehen vom großen Feuerwerk an der Seepromenade, striktes Böllerverbot. Und das ist eine Wohltat für empfindliche Hundeohren. Dass man stets mit einem großen Andrang von vierbeinigen Gästen rechnet, beweist die stolze Anzahl von 60 sogenannten Hunde-Servicestationen. Versehen mit Beutelspendern und Mülleimern, sorgen sie für ein zuverlässiges Verschwinden der tierischen Hinterlassenschaften.

Von Strandflieder und Krötenwegen – unterwegs in Salzwiesen und Dünen

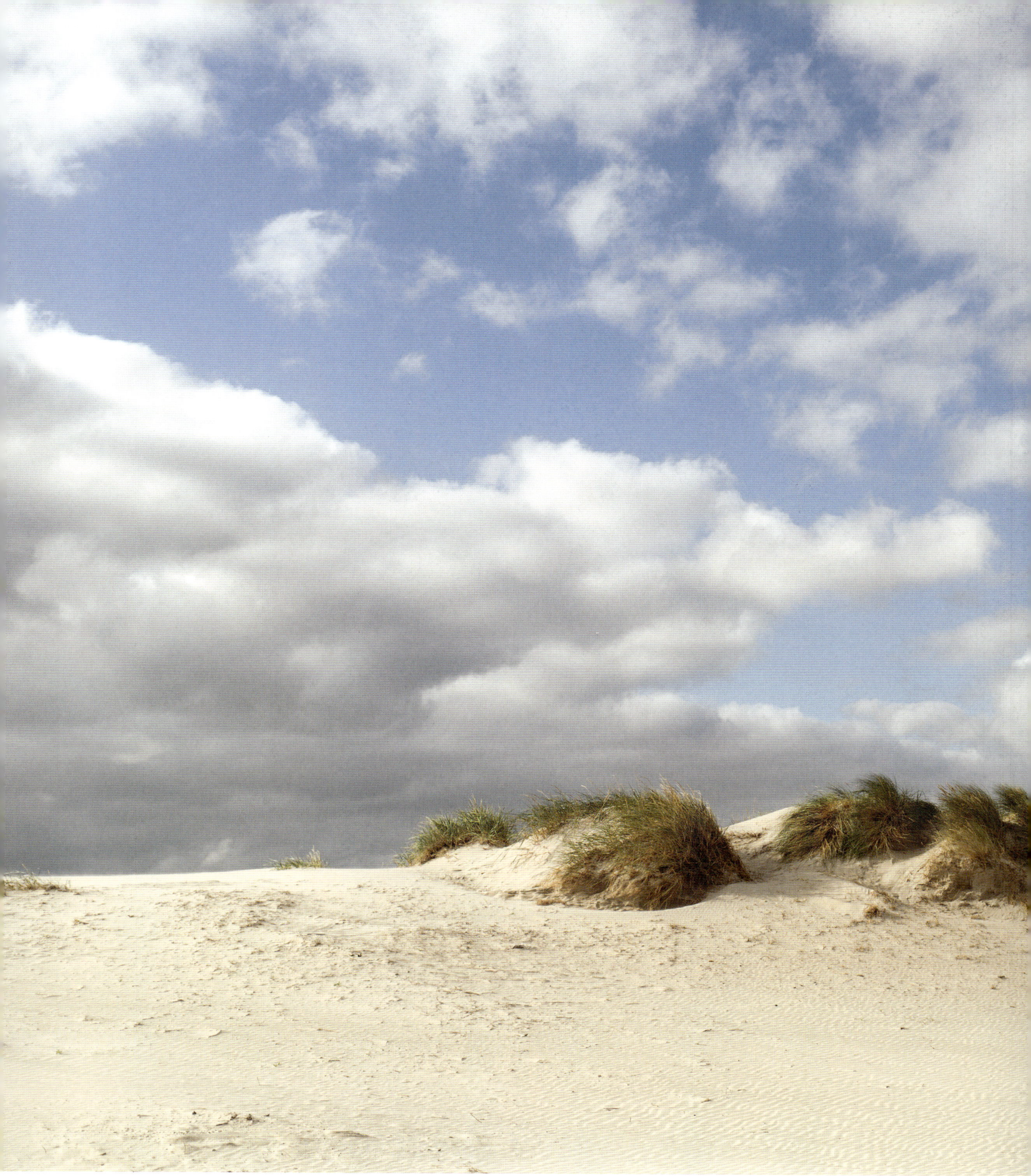

Der Himmel, die Weite und überall so viel Sand: Der zwölf Kilometer lange und zwei Kilometer breite Sandstrand mit den Strandseen, den Dünen und den vielen Pflanzen und Tieren, ist heute das Gold der Landschaft Eiderstedt. In früheren Zeiten litt man unter den sandigen Böden, auf denen sich nichts Gescheites anbauen ließ, und bezeichnete den westlichsten Zipfel der Halbinsel folgerichtig auch als „Armenhaus".

Von Strandflieder und Krötenwegen – unterwegs in Salzwiesen und Dünen

VON GROSSEN DÄCHERN UND KÖNIGLICHEN ABSTEIGEN – EINKEHR IN EIDERSTEDTS BERÜHMTEN BAUWERKEN

Auf der Suche nach einer Ferienwohnung zeigte uns der Makler auch einen Haubarg. Das überstieg natürlich unser Budget, aber der Gedanke, unter einem solch großen Dach zu leben, besaß seinen Reiz. Mittlerweile existieren von den ursprünglich um die 450 Haubargen, die es einmal gab auf Eiderstedt, noch etwa 50, die vorwiegend im Originalzustand erhalten sind und unter Denkmalschutz stehen. Darüber hinaus gibt es eine größere Anzahl von Gebäuden, in denen unterschiedliche Haubarg-Elemente erhalten sind, die aber insgesamt nicht mehr als Haubarg bezeichnet werden können.

Am bekanntesten ist wohl der mit dem Dach, das gar nicht rot ist. Das gewaltige Reetdach wölbt sich über weißem Gemäuer und drumherum blüht, in der entsprechenden Jahreszeit, eine etwa 1200 Quadratmeter große Wildblumenwiese.

Der schöne Garten, der sich um den Roten Haubarg herum erstreckt, zählt zu den denkmalgeschützten Grünanlagen in der Region genauso wie der Gutsgarten in Hoyersworth (zu dem wir noch kommen werden). Aber die vielen Radreisenden, die beim Roten Haubarg vorfahren, kommen nicht nur wegen der Blumenwiesen, sondern vor allem wegen der Möglichkeit, einen Haubarg mal von innen zu sehen.

Entstanden in der zweiten Hälfte des 16. Jahrhunderts, vereinen die „größten Bauernhäuser der Erde" doch alles unter einem Dach – die Tenne fürs Heu genauso wie die Stallungen für die Tiere und, stets auf der Sonnenseite, die Wohnräume für die Menschen.

Der Rote Haubarg, erbaut in der Mitte des 17. Jahrhunderts, befand sich zunächst auch im Besitz wohlhabender Bauern, zuletzt war das Anfang des 19. Jahrhunderts die Husumer Familie Asmussen, aber durch deren Wohltat, das Gebäude in eine Stiftung zu überführen, gelangte der Haubarg in öffentliche Hand. Das Museum der Landschaft Eiderstedt führt hier inzwischen eine Dependance in Form eines Landwirtschaftsmuseums und gleich nebenan kredenzt ein Restaurant-Café Schollenfilets und Friesentorte. Ach ja, und wer hier heiraten möchte, kann das auch tun, entweder im Vierkant oder in der Hochstube.

Sich dabei vielleicht auch anwehen lassen von der romantischen Sage, die sich um den Roten Haubarg rankt. Darin geht es um einen verliebten Bauernsohn, den Teufel und die angeblich 99 Fenster des Haubargs – die Geschichte nimmt, so viel sei hier verraten, dank der Klugheit einer Frau, der Mutter des begehrten Mädchens, ein gutes Ende.

Auch über Hoyersworth, das einzige Herrenhaus auf Eiderstedt, gibt es viel zu erzählen. Erbaut bereits etwa von 1564 bis 1580, erwarb es dank Burggraben und Zugbrücke die Rechte eines Ritterguts, erfuhr zahlreiche Besitzerwechsel, empfing 1713 den dänischen König Friedrich IV. – der nahm auf Hoyersworth die Kapitulation der Schweden entgegen – und ab 1771 gehörte das Herrenhaus dann für 240 lange Jahre der Familie Hamkens. 2011 befreite Alfred Jordy das „Schloss" aus seinem Dornröschenschlaf. Verliebt hatte sich der Keramiker in dieses einmalige Anwesen, zu dem ja auch ein Haubarg zählt sowie der bereits erwähnte Gutsgarten, und er hatte auch eine Idee für die Rentabilität von Hoyersworth. Zunächst einmal richtete Jordy einen Laden ein mit seiner eigenen Keramikkunst, dazu ein kleines Café und im ersten Stock des Herrenhauses ein Museum. Weil es aber noch den Haubarg gab, arbeitete Jordy weiter und zehn Jahre später eröffnete er unterm großen Reetdach eine Brasserie. Küchenchef Hermann Bothe kocht nun also im Haubarg mit französischem Einschlag und serviert neben Forelle Müllerin und Steak Frites auch Crêpes und Galettes.

2022 gab es eine weitere Neueröffnung – im hinteren Teil des Haubargs erzählt seither eine Ausstellung über die „Zeit der Renaissance in Eiderstedt". Und im Sommer gibt's im großen Gutsgarten Kultur, von der Dixieland Band bis zur Kammermusik des Hochbarock.

So finden sich also mit dem Roten Haubarg und dem Herrenhaus Hoyersworth sehr eindrückliche Belege für ein einstmals gar nicht karges

Leben auf der Halbinsel. Zugeschrieben wird dieser Reichtum vor allem den Marschwiesen, die hier gutes Weideland lieferten für die Rinderzucht. Halb England wurde im 19. Jahrhundert durch die Flotte der Tönninger Dampfschifffahrtsgesellschaft mit Rindfleisch aus Eiderstedt versorgt. Aber natürlich baute sich nicht jede Eiderstedter Familie einen Haubarg. Wie beengt die Menschen hier auch lebten, lässt sich erfahren im Haus Peters in Tetenbüll. Der ehemalige Kolonialwarenladen zeigt den Besuchenden, was man früher hier kaufte und in der liebevoll erhaltenen Küche auch, wie und womit man kochte. Wer die schmale Treppe nach oben steigt, muss, auch wenn er nicht größer als 1,70 Meter ist, den Kopf einziehen. Dort oben finden sich Zeichnungen Horst Janssens aus seiner „Eiderlandmappe". Und auch vom sogenannten Janssenhof. Den kaufte der Hamburger Künstler in den 70er Jahren, gemeinsam mit Gesche Tietjens, und weil der Janssenhof ein Haubarg war, gab es dort auch genügend Platz für die Menschen, die Gesche zur Seite sprangen, als Janssen sie allein ließ mit dem gemeinsamen Kind. Denn das war schon immer so mit den Haubargen: Unter den großen Dächern ließ sich nicht nur, wie der Name schon sagt, *Heu bergen* – es verbargen sich dort auch jede Menge Schicksale und Geschichten.

Mit einer Firsthöhe von über 17 Metern ist der Rote Haubarg bei Witzwort nur schwer zu übersehen. Vorbeifahren sollte man sowieso nicht, denn hier gibt es die Gelegenheit, mal eins der „größten Bauernhäuser der Erde" von innen zu betrachten. Im Inneren des 1647 erbauten und wohl bekanntesten Eiderstedter Haubargs befindet sich ein Museum mit landwirtschaftlichen Gerätschaften, außerdem ein Restaurant mit regionalen Spezialitäten. Der dazugehörige Peerstall nimmt gern größere Gruppen in Empfang und dient somit auch als Örtlichkeit für ein Familienfest. Möglicherweise gleich im Anschluss an eine Trauung im Vierkant oder in der Hochstube.

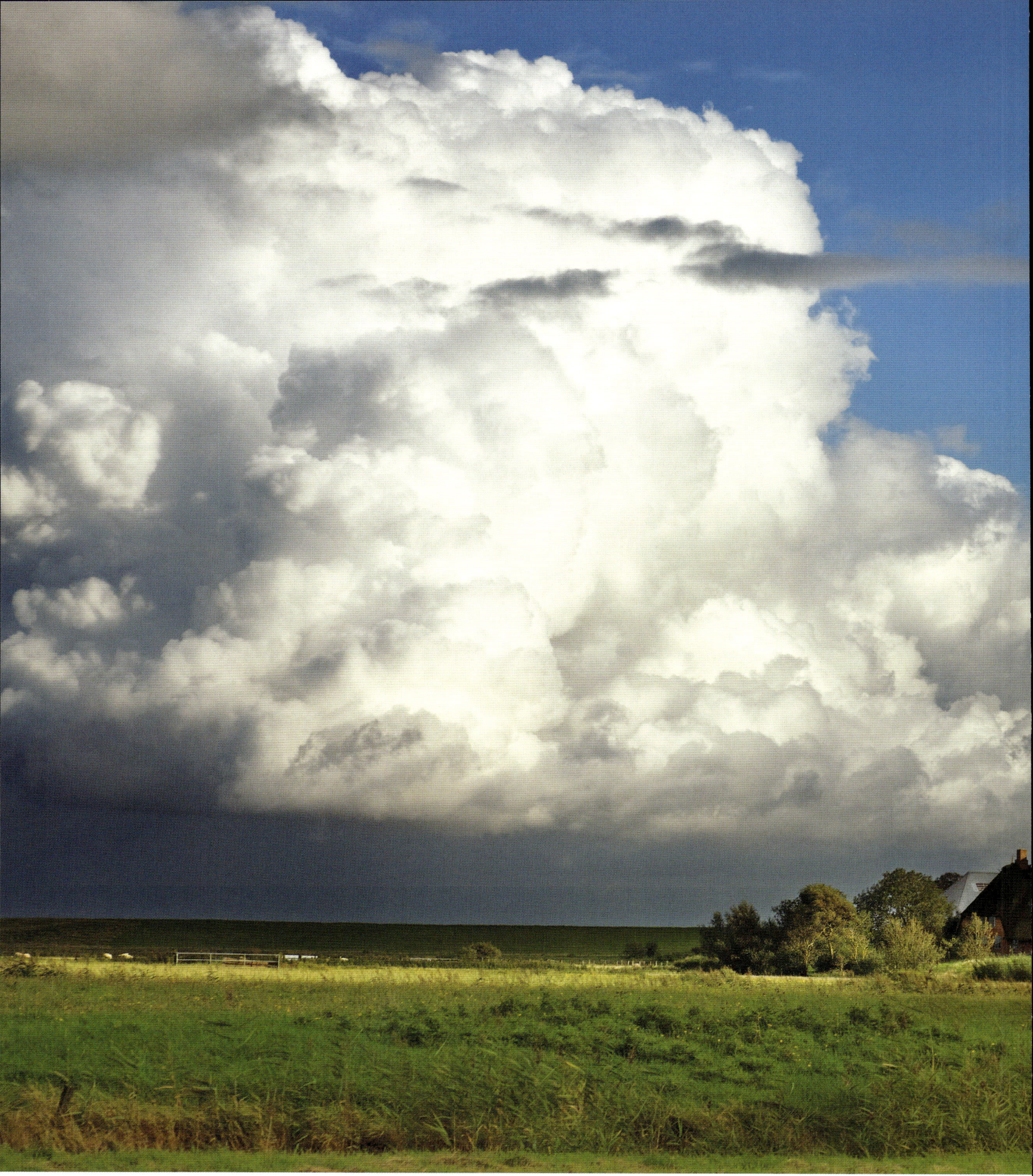

Oft in völliger Alleinlage gelegen, wie auch der Rosenhof bei Westerhever, gab es dereinst über 400 Haubarge auf Eiderstedt. Heute sind es noch ungefähr 50, die unter Denkmalschutz stehen, und fast alle befinden sich in privatem Besitz. Die Instandhaltung der an die 400 Jahre alten Gebäude ist aufwendig. Meist mit Reet gedeckt, benötigt allein die Sanierung der teils um die 1000 Quadratmeter großen Dächer einen nicht ganz geringen Etat. Getragen von vier bis zehn Ständern, gilt so ein Haubarg-Dach aber auch als „unkaputtbar". Drückt eine Sturmflut die Wände ein, trotzen Dach und Zwischenwände den Naturgewalten.

Von großen Dächern und königlichen Absteigen – Einkehr in Eiderstedts berühmten Bauwerken

Manche Haubarge, so auch diese hier bei Tetenbüll, halten ihre Ausmaße ein wenig versteckt. Aber auch sie zeugen noch immer vom Reichtum der Eiderstedter Bauern im 17. und 18. Jahrhundert. Die Marschwiesen warfen damals so viel ab, dass die Dächer gar nicht hoch genug sein konnten, um das ganze Getreide und Heu dort unterzubringen. Eingeführt hatten die Bauform, bei der alles unter einem Dach Platz fand – die Tiere, die Menschen und das Heu –, niederländische Einwanderer. Der Begriff des Gulfhauses wich dem des Haubargs und das hatte vermutlich mit dem Bergen des Heus zu tun.

Wie die Häuser auf den Halligen baute man die meisten Haubarge auch auf einer Warft. So blieben Haus und Hof selbst bei Sturmfluten geschützt unter dem großen Vierkantdach. Für die heutige Landwirtschaft nicht mehr sinnvoll zu nutzen, wurden aus vielen der noch vorhandenen Haubarge Feriendomizile. So geschehen auch bei der *Knutzenswarft* in Westerhever. 1635 erbaut, befinden sich darin heute sieben, größtenteils zweigeschossige Ferien-Apartments. Daran wird sich nach einem Besitzerwechsel Ende Mai 2023 vermutlich auch nichts ändern.

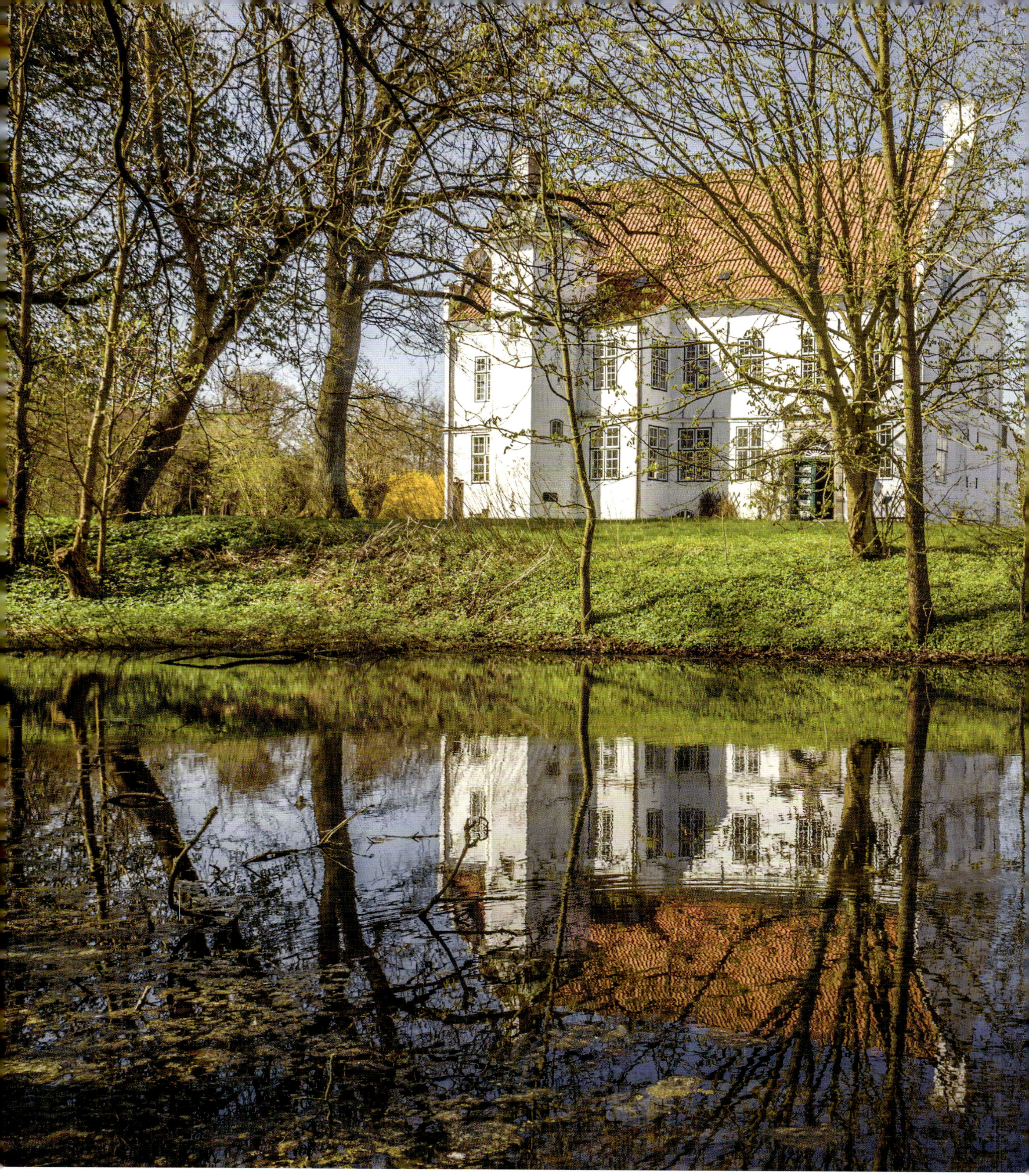

Hohes Haus: Der Staller Caspar Hoyer ließ sich im 16. Jahrhundert ein Anwesen erbauen, das sämtliche Gebäude in der Umgebung überragte. Benannt wurde es nach ihm selbst: *Herrenhaus Hoyersworth*. 1704 kam noch ein Haubarg hinzu, der diente lange Zeit der wirtschaftlichen Nutzung und beherbergt neuerdings eine Brasserie, seit 2022 zusätzlich noch eine Ausstellung zur „Zeit der Renaissance auf Eiderstedt". Im Herrenhaus selbst gibt es ein Museum, ein Café und einen Töpferladen, in dem Alfred Jordy, der aktuelle Hausherr, seine Keramikkunst anbietet.

An manchen Tagen ist es hier sehr voll: Denn bei einer Bustour, die Eiderstedts Highlights abfährt, darf ein Besuch im Haus Peters in Tetenbüll nicht fehlen. Rechtzeitig unter Denkmalschutz gestellt, sieht man in der um 1760 erbauten Reetdachkate, wie es um 1820 herum in einem nordfriesischen „Gemischtwarenladen" aussah. Wer die engen Stiegen nach oben steigt, erfährt Wissenswertes über die historische Landhökerei und findet dort auch Horst-Janssen-Zeichnungen in seiner berühmten „Eiderlandmappe". Hübsche Mitbringsel erwirbt man im Untergeschoss in den ehemaligen Verkaufsräumen und während der Saison lädt das Haus Peters regelmäßig ein zu kulturellen Veranstaltungen. Die widmen sich zum Teil auch dem, was draußen im Garten blüht, wie zum Beispiel (im Rahmen der „Rosenwoche") den historischen Rosen.

Von großen Dächern und königlichen Absteigen – Einkehr in Eiderstedts berühmten Bauwerken

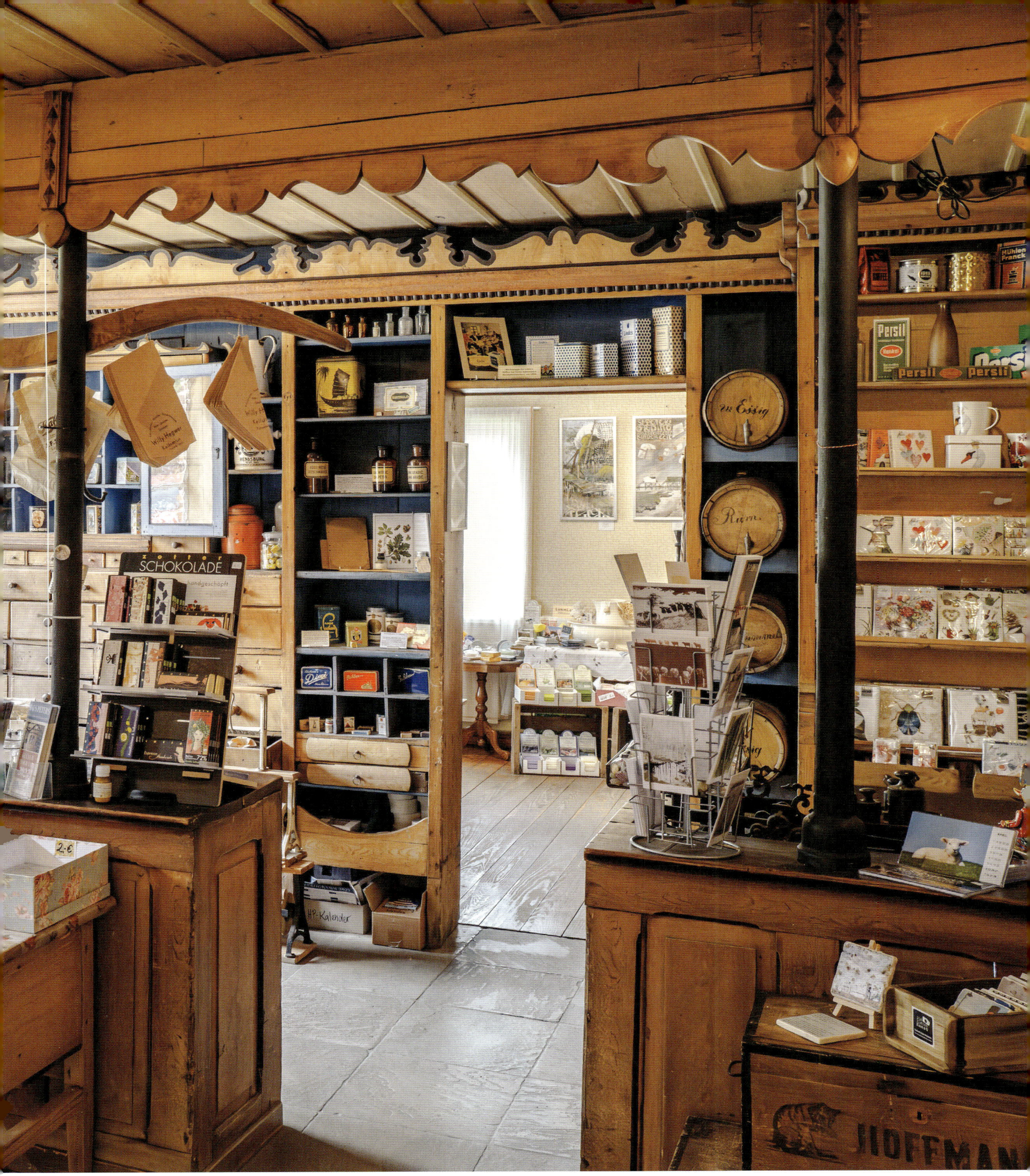
SCHOKOLADE
Persil
w. Essig
Rum
HP-Kalender
HOFFMAN

VON DER BEUTELMEISE BIS ZUM MUTTERSCHAF – EIN STREIFZUG DURCH WÄLDER UND WIESEN

Der Name ist irreführend. Das Katinger Watt ist ein solches längst nicht mehr, sondern das größte zusammenhängende Waldgebiet auf Eiderstedt. Von Flora und Fauna gesegnet, ist ein Spaziergang durchs Katinger Watt immer eine kleine Entdeckungstour. In einem der letzten Frühjahre lief uns dort ein etwa sechs Zentimeter langer, mehrfach geschuppter schwarzer Käfer über den Weg. Einen solchen hatten wir noch nie gesehen. Die Insekten-App auf dem Smartphone schlug uns erst „Mistkäfer" vor, dann „Hirschkäfer", doch das passte beides nicht. Zuhause ergab eine gründlichere Recherche, dass uns der bedrohte „Schwarzblaue Ölkäfer" begegnet war, das „Insekt des Jahres 2020". Die großen Exemplare sind Weibchen, die sich in der Paarungszeit das Sechsfache ihres normalen Gewichts anfuttern, um dann bis zu 9500 Eier zu legen. Und zwar sechsmal hintereinander. In der Antike galten die auffälligen Käfer in Honig geröstet als Aphrodisiakum, ungegart jedoch als letzte Mahlzeit: Der Käferkörper enthält das für den Menschen tödliche Gift Cantharidin.

Das ist nur ein Beispiel für die erstaunliche Artenvielfalt des Katinger Watts. Bekannt ist es vor allem für seinen Vogelreichtum. Rund 70 verschiedene Arten brüten hier, von der kleinen Beutelmeise bis zum großen Seeadler, vom gemächlichen Wachtelkönig bis zum Wanderfalken, dem schnellsten Lebewesen auf dem Planeten. Von der Beobachtungsplattform kurz hinter dem Eidersperrwerk sind zumindest die größeren Arten gut zu beobachten. Aber wer kein Ornithologe ist, sollte sich lieber einer Führung anschließen, zum Beispiel vom NABU, der im Lina-Hähnle-Haus am Katingsiel ein Naturzentrum betreibt.

Erzählt wird dann sicher auch etwas über die Historie des Katinger Watts. Denn es könnte hier heute auch ganz anders aussehen. Nachdem das ehemalige Salzwiesen- und Wattgebiet an der Eidermündung 1973 durch die Fertigstellung des Sperrwerks eingedeicht worden war, sollte die 1500 Hektar große Fläche auf geradezu abenteuerliche Weise zu einem Tourismuszentrum ausgebaut werden. Es gab Pläne für ein Feriendorf mit 1000 Betten, einen Reiterhof, einen künstlichen Berg mit Kunstschnee für Skifahrer und für eine Schlickrutschanlage. Der Protest von Naturschützern – und letztlich auch das mangelnde Interesse von Investoren – verhinderten diesen Irrwitz. Umgesetzt wurde nur die aufwendige Aufforstung eines Teilgebiets mit Eschen, Eichen, Pappeln und anderen Laubbäumen. Es entstand ein landschaftsuntypischer, aber idyllischer Wald, den man auf Rundwegen verschiedener Länge erschließen kann – am besten vom Parkplatz an dem Aussichtsturm „Kiek ut" an der Straße vom Eidersperrwerk nach Tönning.

Und noch ein anderer Flecken auf Eiderstedt schickt sich an, dem Ruf von Schleswig-Holstein als waldärmstes Bundesland entgegenzutreten: In St. Peter-Ording zieht sich ein drei Kilometer langer Kiefernwald von Ording bis Dorf, der besonders zur Hochsaison mit seinen schattigen Spielplätzen und schmalen Naturwegen eine echte Oase ist für Sonnengesättigte und Ruhesuchende. Die Anpflanzung stammt noch aus der dänischen Zeit. Die bis 1864 hier verweilenden Besatzer konnten damit den Sandflug stoppen, der ihnen die landwirtschaftliche Nutzung rund um St. Peter und Ording erschwerte.

Die typische Eiderstedter Landschaftsform aber sind die Weiden: Weiden, soweit das Auge reicht. Auf denen grasen Schafe und Kühe, vor allem aber Schafe. Im Kreis Nordfriesland, zu dem Eiderstedt gehört, leben fast so viele Schafe wie Einwohner. Im Februar und März werden es schlagartig mehr. Dann sind die Weiden voll von reinweißen Lämmchen, die tollpatschig herum tapsen um ihr Mutterschaf.

Die Schafzucht ist überlebenswichtig für Eiderstedt. Entgegen landläufiger Meinung nicht für die Windmessung („Sturm ist erst, wenn die Schafe keine Locken mehr haben"), sondern für den Deichschutz. Schafe haben den „goldenen Tritt", das ideale Verhältnis von Gewicht und Klauengröße, mit dem der Deichboden gefestigt, aber nicht gelöchert wird. Außerdem sorgt ihr tiefer Biss für den perfekten Wuchs der Grashalme.

Wofür die Schafe sonst noch gut sind, kann man am schmackhaftesten in der Friesischen Schafskäserei in Tetenbüll erleben. Redlef und Monika Vollquardsen versorgen auf dem Hof aus dem 19. Jahrhundert ihre 120 Schafe im Sinne einer kompletten Wertschöpfung und dienen dem Netzwerk ökologischer Landbau als vorbildlicher Demonstrationsbetrieb. Bei den regelmäßig stattfindenden Hofführungen laden die Vollquardsens auch ein in den 400 Jahre alten Gewölbekeller, und von den vielen Käselaiben, die hier reifen, darf man im Anschluss an die Führung gern probieren. Besonders beliebt bei der Kundschaft ist der Friesaki, ein griechisch angehauchter Schafskäse aus Nordfriesland. Oder auch der „Rote Friese", ein vier Wochen gereifter, kräftiger Weichkäse mit Rotschmierrinde, der im Gaumen zarte Haselnussaromen entfaltet.

Unserer Tochter mundete bei ihrem ersten Besuch auf dem Hof vor allem die Lammsalami. Seit sich ihr allerdings ein paar Jahre später der Zusammenhang erschloss zwischen der leckeren Wurst und den wollweißen Weidetierchen, verzichtet sie auf diese Delikatesse.

Eine Landschaft, die es vor 50 Jahren noch gar nicht gab: Ursprünglich waren hier die Mündungswatten der Eider, durch den Bau des Eidersperrwerks wurden die trockengelegt. Es entstand die Idee, eine lukrative Freizeitlandschaft zu errichten, aber Naturschutzvereine verhinderten das glücklicherweise, stattdessen wurde aufgeforstet – und heute nun ist das Katinger Watt ein etwa 1500 Hektar großes Refugium für zahlreiche Tier- und Pflanzenarten. Natürlich aber auch ein beliebtes Ausflugsziel zum Radfahren, Wandern und Naturerleben.

Zahlreiche Wanderwege führen auf (teilweise) verschlungenen Pfaden durchs Katinger Watt. Wer ganze zehn Kilometer gehen will, nimmt die große Runde. Eine Wanderkarte erhält man unter anderem im NABU-Naturzentrum, gelegen am Rande des Naturschutzgebiets unweit der Landesstraße 305. Besonders bei Kindern beliebt ist der dortige Lehrgarten, ebenso informativ wie abwechslungsreich gestaltet mit Teich, Pflanzen und diversen Spielmöglichkeiten. Zum Entspannen laden im auch als Lina-Hähnle-Haus bekannten Naturzentrum kleine Sitzgruppen ein und zum Lachen an den Bäumen hängende Gedichte von Heinz Erhardt.

Mehr als 100 Pflanzenarten begrünen den ehemaligen Meeresboden im Katinger Watt. Neben Bäumen wie Eschen, Eichen und Pappeln, die Eiderstedts größtes zusammenhängendes Waldgebiet ausmachen, sind das vor allem sehr viele Wiesenpflanzen wie Margeriten, Lupinen, Schafgarbe, Spitzwegerich und Klatschmohn.
Und auch wenn die Versuchung groß ist, sollten die Blumen bewundert, aber nicht gepflückt werden.

Wer am Katinger Watt vorbeifährt, sieht mit Sicherheit auch den Aussichtsturm „Kiek ut". Umgekehrt genießt man von dort also eine gute Aussicht auf die Landstraße und den benachbarten Eiderdeich, genauso aber auch auf Rinderherden und Orchideen. Gebaut wurde Kiek ut mit einer Höhe von 16 Metern auf dem „Schafsberg", einer ehemaligen Fluchtwarft für Schafe und Rinder.

Gebrütet wird weiter nördlich an der Eismeerküste Russlands oder auch auf Grönland – überwintert aber an der vergleichsweise milden Nordseeküste und hier besonders gern dort, wo es viel zu futtern gibt, wie zum Beispiel auf den Marschwiesen Eiderstedts: Nonnengänse sind hübsch anzuschauen, geben Geräusche von sich, die aus der Ferne klingen wie Hundegebell, sorgen mittlerweile aber auch für Unmut in Schleswig-Holstein. Weil sie den Bauern die Äcker leerfressen und anschließend mit ihrem Kot garnieren, beantragte die Landesregierung im September 2022 eine Jagderlaubnis für die Nonnengänse bei der Europäischen Kommission. In Brüssel entschied man ablehnend und so lebt man nun in Schleswig-Holstein weiterhin in friedlicher Koexistenz mit den frommen Vögeln.

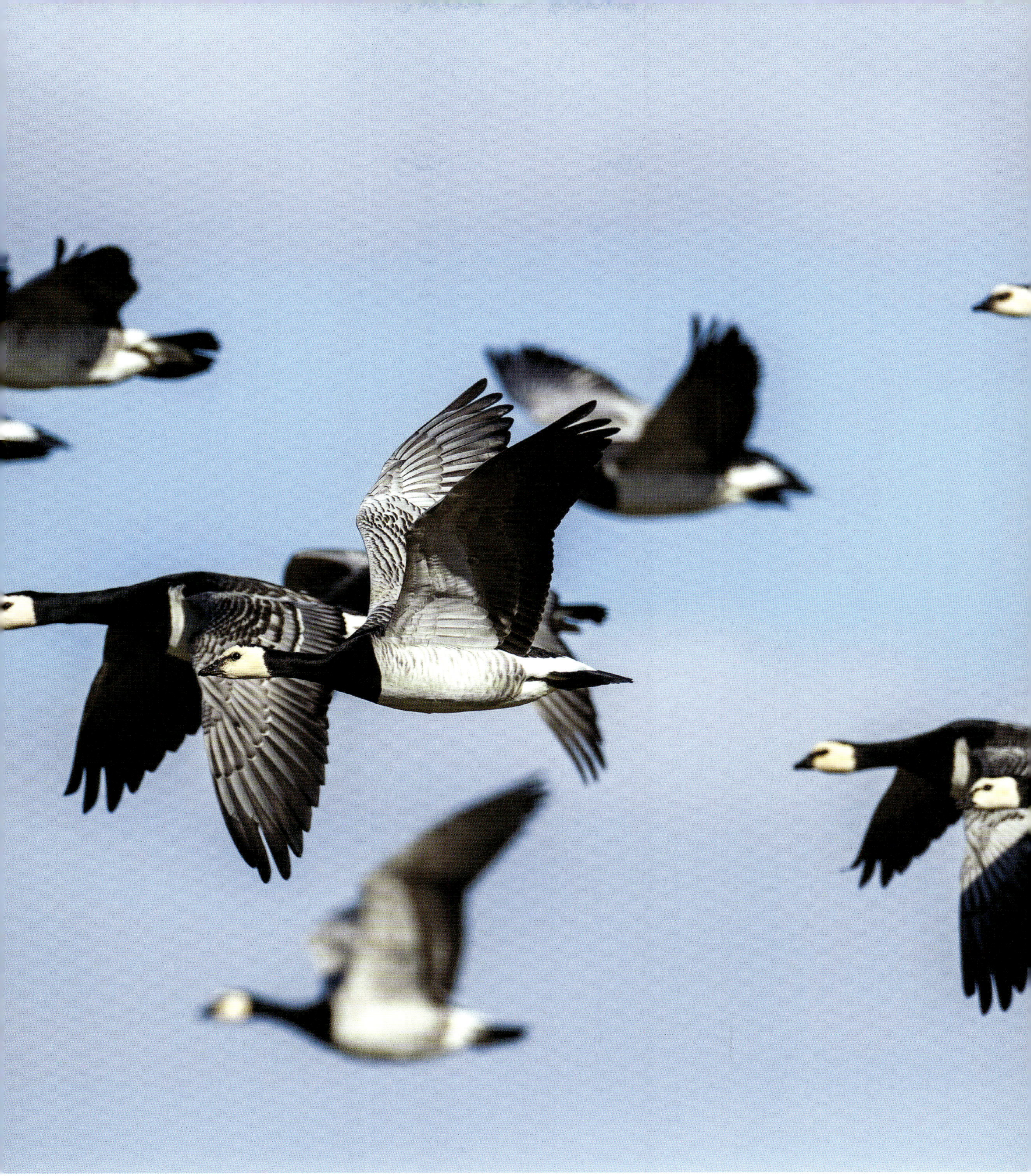

Um seinen Bestand ist es nicht so gut bestellt wie um den der Nonnengänse: Vom Säbelschnäbler gibt es in Deutschland – laut NABU – zwischen 3600 und 4200 Brutpaare. Einige davon leben auch im Katinger Watt. Dort finden die Wiesenvögel ausreichend Schutz und Nahrung. Seinen Namen erhielt der Säbelschnäbler, wie man sich denken kann, durch seinen Schnabel. Der ist so fein geschwungen wie ein Säbel und wird im Zuge der Nahrungsaufnahme zu einem scharfen Gefechtsinstrument.

Kleine Energiebündel: Küstenseeschwalben wiegen etwa 100 Gramm und legen pro Jahr eine Strecke von 42 000 Kilometern zurück. Dies beschert ihnen eine Lebenserwartung von etwa zehn bis elf Jahren. In großer Zahl trifft man sie im Juli am Eidersperrwerk. Ornithologen erkennen sie schon von weitem an ihrem speziellen Ruf und, wie es in entsprechenden Fachkreisen heißt, auch an ihrem „charakteristischen Geruch".

Seine signalroten Beinchen verraten es schon: Mit diesem Vogel ist nicht zu spaßen! Wie es unter Vogelbeobachtenden heißt, verteidigt der Rotschenkel seine Brut sehr „lebhaft vor Eindringlingen". Bezeichnet auch als „Charaktervogel der Salzwiesen", lebt der Rotschenkel bevorzugt am Meer und teilt sich die Care-Arbeit paritätisch auf. Der Nachwuchs wird nämlich von beiden Geschlechtern bebrütet und gepflegt. Leider ist der Bestand dieser besonderen Vogelgattung stark gefährdet. Seit 2020 steht der Rotschenkel in Deutschland auf der Roten Liste bedrohter Tier- und Pflanzenarten.

Wenn sie sich in die Luft erhebt, wirkt das ähnlich verblüffend wie bei einem Jumbojet: Die Eiderente ist nämlich ziemlich schwer. In ihrem großen, fast dreieckigen Schnabel verschwindet dann auch so einiges, unter anderem ganze Muscheln. Zerkleinert werden die erst im Entenmagen. Für die eigene Brut sorgen die Eiderenten geradezu innovativ: Der Nachwuchs wird nicht von jeder einzelnen Mutter betreut, nein, es gibt ein Entenweibchen, das zuständig ist für die Aufsicht der Entchen aus gleich mehreren Nestern.
Ihr Name hat übrigens nichts mit der Eider zu tun, sondern kommt von der Bezeichnung für das besonders weiche Federkleid.

Mit einer geschätzten Anzahl von 130 000 im Kreis Nordfriesland muss man sich um ihren Bestand keine Sorgen machen. Ähnlich wie mit den Kirchtürmen auf Eiderstedt, verhält es sich auch mit den Schafen: Egal, wo man sich befindet – ein Schaf ist immer zu erblicken. Selbstverständlich auch im Katinger Watt. Ein Zaun trennt sie hier vom Flachgewässer. Das ist auch gut so, denn Schafe gehen durchaus schon mal ins Wasser. Es heißt sogar, sie könnten schwimmen, der schweren Wolle wegen würden sie aber wohl trotzdem untergehen.

Von der Beutelmeise bis zum Mutterschaf – ein Streifzug durch Wälder und Wiesen

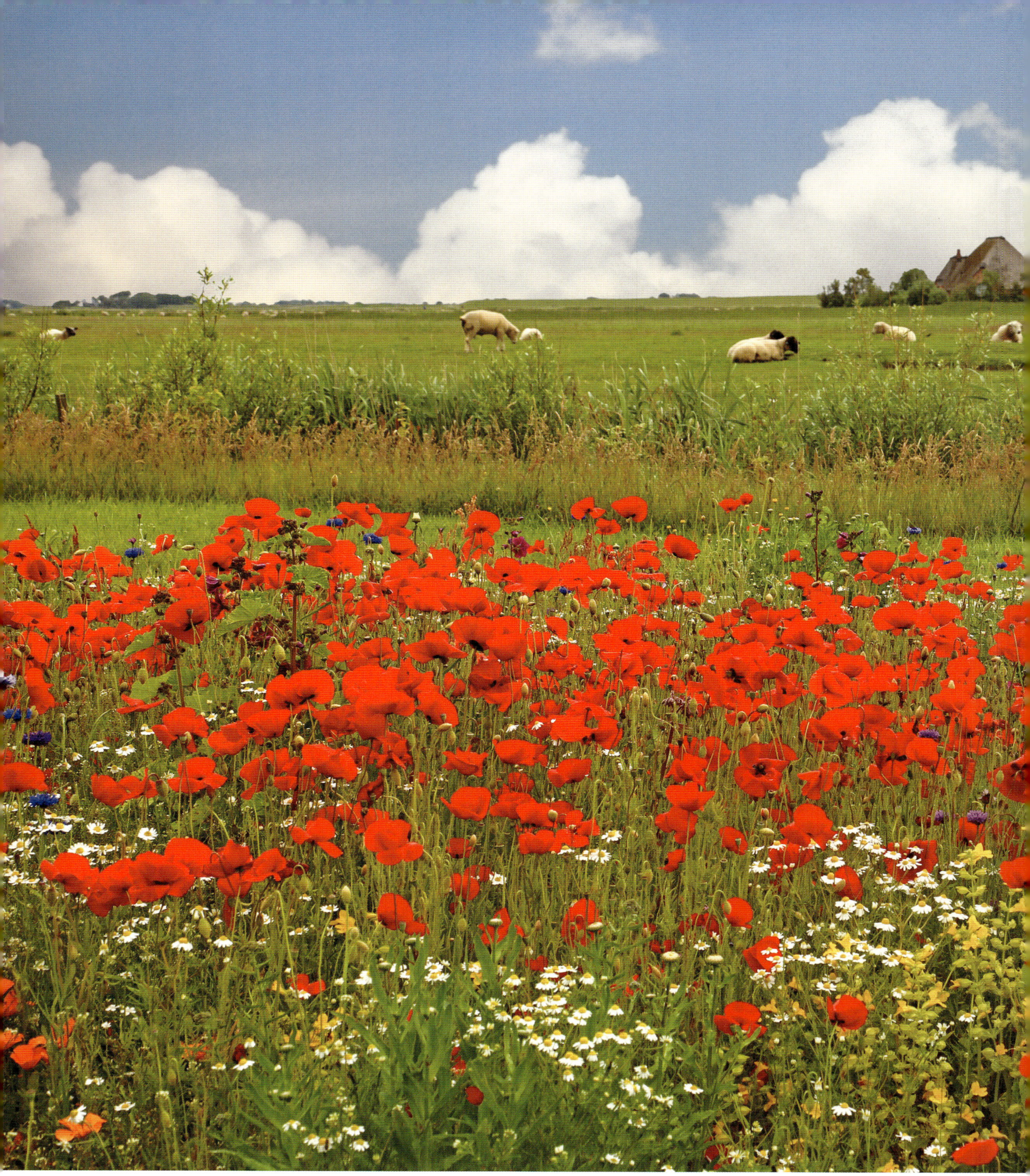

Zur Sommerzeit blüht es in Eiderstedt nicht nur in den großen Gärten. Auch auf vielen Wiesen, wie hier bei Westerhever, zeigen sich Klatschmohn, Wiesenschaumkraut und Kamillenblüten. Etwas Gutes für Schmetterlinge, Bienen und Co. tat seit 2015 auch der Eiderstedter Naturschutzverein mit der Aktion „Blühendes Eiderstedt". Ihr verdanken sich unter anderem die bunt bepflanzten Verkehrsinseln in St. Peter-Ording.

Von der Beutelmeise bis zum Mutterschaf – ein Streifzug durch Wälder und Wiesen

Warum es auf Eiderstedt so viele Schafe gibt, ist schnell beantwortet: Sie dienen dem Küstenschutz. Stellt man Schafe auf den Deich, trampeln sie den Boden fest und „mähen" zugleich noch das Gras. Das funktioniert von März bis November. Wenn es kalt und matschig wird, verlassen die Schafe den Deich. Viele von ihnen „überwintern" dann in Angeln an der Schlei, weil es auf den dortigen Wiesen auch im Winter was zum Fressen gibt. Pünktlich zu Ostern kehren sie aber wieder zurück nach Eiderstedt.

Mühsame Prozedur: Wer Schafe schert, muss beherzt zupacken und braucht eine ruhige Hand. Geschehen sollte das am besten in der Zeit zwischen Mitte Mai und Ende Juni. Dann bleibt genügend Zeit für das Wachstum eines neuen wintertauglichen Wollkleides. Die grundsätzliche Frage, ob die Notwendigkeit der Schur den Schafen erst angezüchtet wurde und somit – laut einiger Tierschutzorganisationen wie PETA – Tierquälerei ist, können wir an dieser Stelle nicht beantworten. Wer sich aber mal anschauen möchte, wie das Scheren funktioniert, sollte im Juni den Westküstenpark in St. Peter-Ording besuchen. Dort findet einmal im Jahr der sogenannte Schaftag statt. Und da wird dann eben auch geschoren.

Wie es aussieht, fressen Schafe den ganzen Tag. Tatsächlich ist das auch ihre hauptsächliche Beschäftigung. Geschlafen wird nur kurz, höchstens mal eine halbe Stunde. Als Herdentiere gelten Schafe aber auch als sehr gesellig. So heißt es, dass sie Freundschaften untereinander schlössen und sich bis zu 50 Gesichter anderer Schafe merken könnten. Gesichter von Menschen können sie wohl auch unterscheiden – und dank ihrer Fähigkeit, verschiedene Gefühle zu empfinden, sind ihnen diese dann auch mal mehr oder weniger sympathisch.

VON MISSIONAREN UND SCHUTZENGELN –
EIDERSTEDTS BEWEGTE KIRCHENGESCHICHTE(N)

Welche der 18 Eiderstedter Kirchen die schönste ist, steht für uns außer Frage: natürlich St. Nikolai in Ording! Unter den goldenen Sternen, die dort auf blauem Grund am Kirchenhimmel prangen, hat Pastorin Boysen unserer Ehe Gottes Segen erteilt, und auf dem kleinen Friedhof, der sich rund um die Kirchenwarft erstreckt, würden wir uns gern schon zu Lebzeiten ein Plätzchen reservieren, denn nirgendwo sonst in St. Peter-Ording ruhen die Toten so nah am Meer. Aus diesem Grund musste der Standort St. Nikolais bereits mehrfach versetzt werden, der heutige Kirchenbau stammt aus dem Jahr 1724. Erhalten geblieben ist aber der Taufstein aus dem 15. Jahrhundert und eine kleine Triumphkreuzgruppe aus dem 17. Jahrhundert.

Nur fünf Kilometer entfernt, bewacht schon die nächste Triumphkreuzgruppe ein weiteres Taufbecken – und das hat auch einen Platz in unserem Familienalbum. Gefertigt 1728 aus Granit, steht es in der Kirche St. Peter am Marktplatz von St. Peter-Dorf und spendete im Jahr 2011 das Wasser für den Taufsegen unserer Tochter. Die Kirche selbst spendete um das Jahr 1373 den Namen für die umliegende Ortschaft – aus „Ulstrup" wurde St. Peter, später dann, ab 1967 St. Peter-Ording. Obwohl so ehrwürdig, zählt St. Peter aber nicht zu den ältesten Kirchen Eiderstedts. Diese stehen – sehr viel größer und deutlich imposanter – in den Hauptorten der ehemaligen drei Harden Eiderstedt, Everschop und Utholm, in Tönning, Garding und Tating. St. Magnus in Tating gilt mit dem angenommenen Entstehungsjahr 1103 als betagtester Kirchenbau Eiderstedts und bewahrt hinter seinen granitweißen Mauern eine bunte Mischung religiöser Exponate aus einer bald 1000-jährigen Kirchengeschichte.

Ein kleines Wunder eigentlich, dass sie alle noch stehen, die 18 Gotteshäuser Eiderstedts, jahrhundertelang umtost von Stürmen und in Gefahr gebracht auch durch so manche Sturmflut. Vieles verdankt sich aber nicht göttlicher Fügung, sondern den Menschen, die wussten, was es heißt, auf schwankendem Grund zu bauen. Sie haben ihre Kirchen gehegt und gepflegt, die Eiderstedter, und sie nach dem Kahlschlag der Reformation, etwa zweihundert Jahre später, als es so schön florierte mit der Landwirtschaft, auch wieder ordentlich ausgestattet mit so einigem, was funkelte und glänzte. Dabei hatten sie sich doch zunächst so schwer getan mit dem christlichen Glauben. Weder Karl dem Großen, noch Richard dem Frommen, und auch nicht Ansgar (einem ansonsten überaus erfolgreichen Missionar) war sie gelungen, die Bekehrung der Eiderstedter. Erfolgreich wurden die Bemühungen aus Rom erst gegen Ende des 11. Jahrhunderts. Der dänische König begab sich „unter den Schutz des heiligen Petrus", kurz darauf konstituierte sich das Erzbistum Lund und zu diesem bekannten sich dann auch die Menschen zwischen Eider und Nordsee.

Wie es um die Frömmigkeit der Halbinsel gute 700 Jahre später bestellt war, konstatierte Propst Friedrich Feddersen Mitte des 19. Jahrhunderts: „Der Eiderstedter, wenn auch nicht gottlos oder frivol, ist doch im Allgemeinen nicht kirchlich-fromm und gottesfürchtig zu nennen." Wie das nun heutzutage aussieht, fragten wir Michael Goltz, Pastor in St. Peter-Ording und Tating. „Nun, die Menschen hier sind vielleicht nicht besonders fromm, aber sie haben ein ganz hohes Empfinden für die Bedeutung der Gebäude. Bekommen sie Besuch, schleppen sie den erstmal in die Kirche." Diese Form der Frömmigkeit ist sicher auch mitverantwortlich für den Erfolg der „Eiderstedter Schutzengel", einer Initiative, der Goltz vorsteht und die sich um den Erhalt der Eiderstedter Kirchen bemüht. „Soweit ich weiß, gibt es nirgendwo in Nordeuropa ein solch einmaliges Ensemble und so viele Kirchen auf so engem Raum." Das sah man auch in Berlin so und spannte einen millionenschweren Schutzschirm auf über dem Eiderstedter Kirchenensemble. Verhindert wurde dadurch bereits der Einsturz des Chorgewölbes in Oldenswort und auch der Zusammenbruch der Kirchengemäuer in Tetenbüll.

„Wir werden es schaffen, alle Kirchen zu erhalten", sagt Goltz. „Schlecht sieht es nur aus für Kotzenbüll." Die Baufälligkeit von St. Nikolai übersteigt wohl das Budget der Eiderstedter Schutzengel. Befragt, ob für die anderen 17 Kirchen perspektivisch auch Nutzungen jenseits von Gottesdiensten angedacht sind, sagt Goltz: „Es wird dort keine Restaurants geben oder Schwimmbäder wie in den Niederlanden." Durchaus aber thematische Zuordnungen. So nennt sich St. Magnus in Tating schon jetzt Kultur- und Digitalkirche. Und für unsere kleine Kirche in Ording gibt es auch schon eine gute Idee: „Womöglich wird daraus eine Traukirche."

Selbst sitzt Pastor Goltz übrigens am liebsten in seiner „eigenen" Kirche in St. Peter. „Da ist es so schön hell und klar. Das hilft mir beim Nachdenken." Wer es etwas heimeliger mag, den verweist er nach Osterhever: „In St. Martin finde ich es besonders idyllisch."

Und wer nach spirituellen Orten jenseits von Kirchenmauern sucht, den würde Pastor Goltz zum Tümlauer Koog, dem früheren Heimathafen der Ordinger Fischer, schicken: zu den kleinen Booten, die dort im Priel schaukeln mit Blick hinüber zum Westerhever Leuchtturm. Von dem aus gibt es eine besonders weite Sicht und (standesamtlich) geheiratet haben wir dort auch.

Was von weitem aussieht wie zum prachtvollen Altar dazugehörige Verzierungen, entpuppt sich bei näherer Betrachtung als feuchtigkeitsbedingte Mauerschäden. Kein Wunder – als eine der ältesten Kirchen Eiderstedts existiert die Kirche St. Peter im heutigen St. Peter-Dorf schon seit fast 1000 Jahren. Im Laufe der Jahrhunderte mehrfach umgebaut, steht sie nun unter dem (Schutz-)Schirm der *Eiderstedter Schutzengel*. Diese vom Bund mitfinanzierte Initiative bemüht sich um den Erhalt des einmaligen Ensembles der insgesamt 18 Eiderstedter Kirchen. Veranschlagt für die Sanierung des Mauerwerks in der St. Peter-Kirche wurden 150 000 Euro. Unbeeindruckt von der Feuchtigkeit zeigt sich derweil der spätgotische Schnitzaltar mit seinen vier Flügeln (von denen aber nur zwei sichtbar sind). Angefertigt in Husum zwischen 1480 und 1500, ist der Altar aber auch noch vergleichsweise jung …

130

Nicht ganz so hoch wie der benachbarte Leuchtturm ragt der Kirchturm von Westerhever aber auch weithin sichtbar aus dem 130-Seelen-Ort empor. Gebaut wurde St. Stephanus um 1370 auf einer Warft, der wuchtige Turm steht dort bis heute, das alte Kirchenschiff jedoch erfuhr im Jahre 1804 eine Komplett-Erneuerung. Vermutlich benötigt St. Stephanus auch deshalb nur ein vergleichsweise geringes Budget von den *Eiderstedter Schutzengeln*. Neben dem alten Kirchturm findet sich aber auch im Innenraum mit seinen blau und rot gestrichenen Kirchenbänken noch etwas sehr Altehrwürdiges: Der Taufstein stammt aus dem 12. Jahrhundert und gilt als der älteste ganz Eiderstedts. Das Altarbild wiederum verdankt sich dem Schaffen eines Künstlers, der im 19. Jahrhundert geboren wurde: Bekannt geworden als „Halligmaler", schuf es Jacob Alberts. 1860 in Westerhever geboren, zog es ihn quer durch Europa, seine letzte Ruhe aber fand er 1941 in der alten Heimat und dort, auf dem Friedhof von Westerhever, kann man auch heute noch sein Grab besichtigen.

Von Missionaren und Schutzengeln – Eiderstedts bewegte Kirchengeschichte(n)

Ebenfalls auf einer Warft gelegen, thront St. Martin über der Gemeinde Osterhever. Wer die Kirche betreten will, wird hier freundlich empfangen von einem Rosenbogen. Und zum nachträglichen Sinnieren laden draußen stehende Tische und Bänke ein. Entstanden schon um 1113, besteht heutzutage entsprechender Sanierungsbedarf am alten Gemäuer. Unterstützung der *Eiderstedter Schutzengel* wird in Osterhever aber auch fürs Dach benötigt: Der englische Schiefer löst sich und so manche Platte segelte schon hinab – Vorsicht ist also geboten beim Gang über den Friedhof.

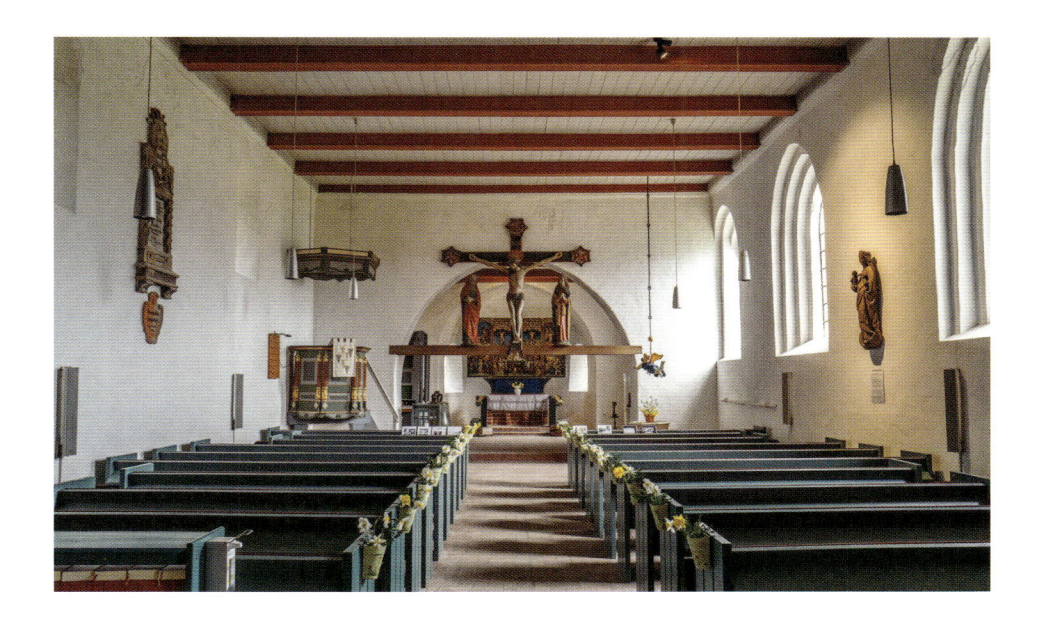

Schlicht, aber ergreifend: Weiße Wände, grüne Bänke, schnörkellose Deckenbalken. Ganz vorne, in der Apsis, verbirgt sich aber noch ein kostbarer Schnitzaltar. Beachtenswert ist da vor allem im unteren Relief das Gemälde „Christus auf der Rast". Ein besonderes Schmuckstück in der Kirche St. Martin ist aber sicher auch der blaue Engel mit den goldenen Flügeln. Er entstand, wie die Kanzel auch, im Jahre 1822, schwebt über einem Taufbecken von 1617 und zog gewiss schon so manchen Täufling in seinen Bann.

Andere Dimensionen: St. Christian in Garding ist die einzige Kirche in Eiderstedt, die zwei Schiffe besitzt. Und auch die Säulen im Innenraum sind einzigartig. Kunstvoll bemalt, tragen sie die gewölbte Decke. 1109 als Hauptkirche der Landschaft Everschop erbaut, wurde St. Christian 2015 umfassend renoviert, hat aber weiterhin auch das Problem mit den feuchten Mauern.

Gut erhalten ist in Garding die Orgel mit einem Hauptwerk aus dem Jahr 1512. Deren äußeres Erscheinungsbild, der sogenannte Prospekt, hat sich seither nicht verändert und gilt in Norddeutschland ebenfalls als einzigartig.

1563 erbaut, ist sie die älteste in Eiderstedt und prägt einen eigenen Stil: Die Kanzel in St. Christian hat einen sechseckigen Grundriss – eine Bauweise, die sich durchsetzte auf der Halbinsel und noch heute bekannt ist als „Eiderstedter Typus". Die Triumphkreuzgruppe stammt aus der Zeit um 1500.

Besonders ist in der Gardinger Kirche auch der Flügelaltar. 1596 geschaffen vom Gottorfer Hofmaler Marten van Achten, gilt er kunsthistorisch als „Hauptwerk des Manierismus in Schleswig-Holstein".

Kleiner Ort mit großer Kirche: Erbaut wie die meisten der Eiderstedter Gotteshäuser im 12. Jahrhundert, war St. Katharina namensstiftend für die umliegende Ortschaft. Und so steht nun heute noch im kleinen Dörfchen Katharinenheerd eine stattliche Kirche mit sehr vielen Besonderheiten. Angefangen mit der hölzernen Uhr, die neben dem Chorbogen hängt und mit nur einem Zeiger daran erinnern soll, dass jedem einmal die Stunde schlägt, aber niemand wissen kann, wann es so weit sein wird. Im Hintergrund (und nicht im Bild) verbirgt sich eine weitere Besonderheit St. Katharinas. Dort steht nämlich ein Pferd. Und obendrauf sitzt der heilige Georg. Vor den Dänen vergraben, wurde diese Reiterfigur nach erfolgreichem Verbergen zum Dank der Kirche überstellt. Ja, und dann wäre da auch noch Martje Flors (s. auch S. 74). Deren Andenken wird hier gewahrt mit einem Relief an einer Außenwand St. Katharinas.

Von Missionaren und Schutzengeln – Eiderstedts bewegte Kirchengeschichte(n)

Es ist noch nicht lange her, da durfte man St. Anna (s. rechte Seite), die um 1400 erbaut wurde, in Tetenbüll nicht mehr betreten. Die ganze Kirche war vom Einsturz bedroht und teilweise geschah das dann auch im Jahr 2002. Gerettet wurde St. Anna ein Jahr später durch ein neues Fundament und Stützpfeiler an den Außenwänden. Die Risse in den Mauern aber sind geblieben und für St. Anna gibt es nun ebenfalls ein Sanierungskonzept der *Eiderstedter Schutzengel*. Wer die Kirche betritt, sollte unbedingt nach oben schauen. Im hohen Kirchenschiff befindet sich nämlich eine „Bilderbuch"-Holzdecke. Die ist kunstvoll bemalt mit 40 Szenen aus dem Neuen Testament.

Eine Rarität in einer protestantischen Kirche: Die blaubemalte Loge neben dem Altar von St. Anna war früher mal ein Beichtstuhl. Der stammt, anders als der schöne Altar, der 1523 geschnitzt wurde, noch aus vor-reformatorischen Zeiten.

140

Sehenswert ist in Vollerwiek auch der älteste Schnitzaltar Eiderstedts aus der Zeit um 1460. Im Mittelpunkt steht das Karfreitagsgeschehen, umstellt von Abbildungen der zwölf Apostel in den Seitenflügeln. Die Gemälde, die sich auf der Rückseite des Altars befinden, wurden erst im 17. Jahrhundert hinzugefügt.

Nur 1,7 Kilometer von der Nordsee entfernt, sitzt man in der Kirche St. Martin in Vollerwiek auf meeresblauen Kirchenbänken unter einem gleichfarbigen Sternenhimmel. Gestiftet wurde der aus der Gemeinde im Rahmen der großen Kirchensanierung 2011/12. Seitdem steht St. Martin auf sehr festen Füßen und bedarf aktuell keiner Unterstützung durch die *Eiderstedter Schutzengel*. Erbaut wurde die Dorfkirche schon 1113, ihre ursprüngliche Form veränderte sich 1888 durch eine Verlängerung des Kirchenschiffs gen Westen. Als überraschend wuchtig wird im Inneren die Renaissance-Kanzel von 1586 wahrgenommen. Dahinter verblasst dann auch ein wenig die eher bäuerlich anmutende Triumpfkreuzgruppe aus dem Jahre 1663.

Dicht gedrängt umstehen sie den leidenden Jesus: Der Altar in der Katinger Kirche vermittelt einen sehr plastischen Eindruck des Kreuzigungsgeschehens. Entstanden ist er um 1450 und firmiert unter der Bezeichnung „gotische Altarplatte mit Steinmetzzeichen".

Vorne rot, hinten weiß: St. Laurentius in Kating zählt zu den wenigen Kirchen in Eiderstedt, die man aus Feldsteinen errichtete. Geschehen ist das um das Jahr 1200, der Backsteinturm kam 1489 hinzu, wurde aber im Laufe der Jahrhunderte mehrfach erneuert. Geblieben ist die Glocke. Bereits 1300 gegossen, gilt sie als älteste Kirchenglocke Schleswig-Holsteins. Sorge bereitet derweil das Mauerwerk. Dort blüht, laut Einschätzung der *Eiderstedter Schutzengel*, „zentimeterdick der Salpeter". Zur Ruhe findet man auf den grünen Kirchenbänken aber wohl trotzdem – und das auch unabhängig von den Gottesdiensten. Geöffnet ist St. Laurentius in den Monaten Mai bis Oktober täglich von 9 bis 17 Uhr.

Vorne die Schafe, hinten das Gotteshaus: In Uelvesbüll liegt die Kirche direkt hinterm Deich. Wie es heißt, wurde der erste Kirchbau aus dem 13. Jahrhundert von der Nordsee verschlungen. Eine Folgekirche riss man 1853 ab und seither trotzt mit St. Nikolai ein klassizistisch-neugotisches Kirchenbauwerk den Naturgewalten. Bewahrt wird darin auch der einzige holzgeschnitzte Epitaph Eiderstedts aus dem Jahr 1591. Zu sehen ist darauf das Kreuz Christi, umstanden von einer Familie in Eiderstedter Tracht.

Von Missionaren und Schutzengeln – Eiderstedts bewegte Kirchengeschichte(n)

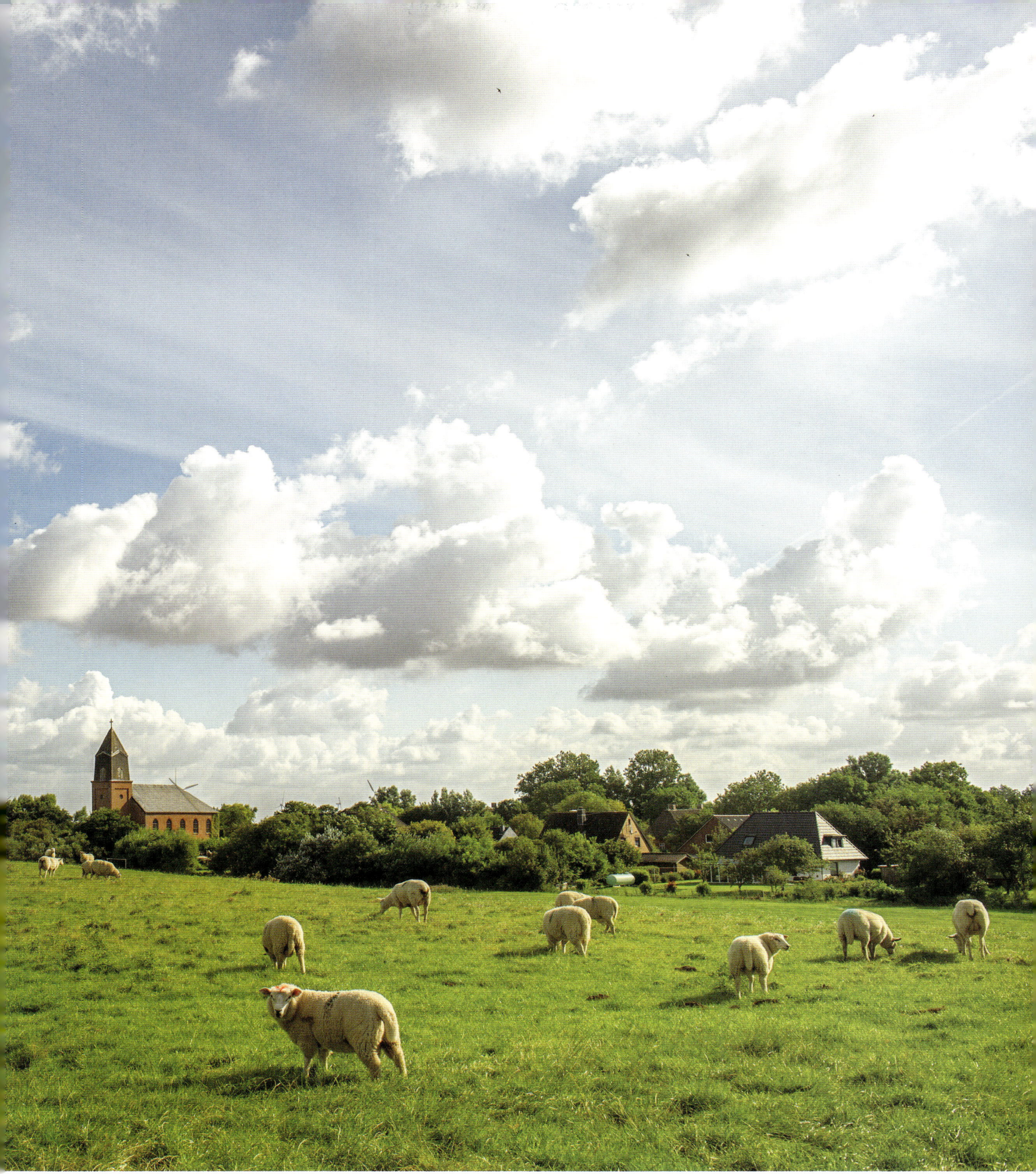

VON STADTWÄLDERN UND PACKHÄUSERN – ABSTECHER NACH GARDING, TÖNNING UND TATING

Auf die Frage nach Städten in Eiderstedt dürfte den meisten wohl an erster Stelle St. Peter-Ording einfallen. Dabei ist SPO gar keine Stadt im eigentlichen Sinn, sondern nur eine Gemeinde. Die älteste Stadt in Eiderstedt ist Garding. Schon 1590 erhielt der Ort vom Herzog von Schleswig-Holstein-Gottorf die Stadtrechte. Noch im gleichen Jahr folgte Tönning – und bei diesen beiden Städten ist es bis heute geblieben.

Wer mit dem Auto durch Garding fährt, wird die historische Sonderstellung wohl kaum erahnen. Da gibt es eine Tankstelle, die meist die preiswerteste auf der Halbinsel ist, und einen Supermarkt, in dem geübte SPO-Urlauber in der Hochsaison Zuflucht vor dem Einkaufsstress an der Küste suchen. Ihre Highlights versteckt die Stadt nördlich der Hauptverkehrsstraße. Da ist zum einen die über 900 Jahre alte St.-Christians-Kirche auf der höchsten Erhebung Eiderstedts, die jahrhundertelang als Seezeichen diente. Vor der Kirche findet seit 1575 an jedem Dienstag, der kein Feiertag ist, der Wochenmarkt statt. Gleich daneben liegen das Geburtshaus und eine Gedächtnisstätte für den berühmtesten Sohn der Stadt: 1817 kam hier der Historiker Theodor Mommsen auf die Welt, der erste deutsche Träger des Nobelpreises für Literatur. Ein natürliches Kleinod Gardings versteckt sich an seinem westlichen Rand: Der Stadtwald Kirchkoog ist ein kleines, aber vielseitiges Waldgebiet mit Streuobstwiesen, informativ durchquert von einem Baumlehrpfad.

Für Tönning, bis 1970 Kreisstadt Eiderstedts (TÖN) und heute mit knapp 5000 Einwohnern die bevölkerungsreichste Siedlung auf der Halbinsel, sollte man sich ein wenig mehr Zeit nehmen. Allein der Besuch des Multimar Wattforums, des größten Besucherzentrums für den Nationalpark Wattenmeer in Schleswig-Holstein, verdient mindestens einen halben Tag. Und dann ist da noch der historische Hafen, der zu einer anschaulichen Zeitreise in vergangene Jahrhunderte einlädt. Wer sich das Hafenbecken mit 100 veritablen Holzschiffen vorstellt, beladen mit Käse, Vieh, Weizen und Wolle, bekommt eine ungefähre Ahnung davon, was sich hier im 17. Jahrhundert abspielte. Ein besonders wichtiges Handelszentrum war der Hafen von 1784, als der Eiderkanal eröffnet wurde, bis 1895, als ihn die Routenführung des neuen Nord-Ostsee-Kanals in die wirtschaftliche Bedeutungslosigkeit verdammte. Von 1803 bis 1814 ersetzte der Hafen während der Elbblockade und der Kontinentalsperre im Umfeld des Dritten Napoleonischen Kriegs sogar den Hamburger Hafen. In diesen Jahren war auch das 77 Meter lange Packhaus von 1783 bis unters Dach gefüllt mit feinen Gewürzen wie Safran, mit Wein, Nüssen, Tabak, Kaffee, Zitronen, Tierhäuten und -fellen, Fleisch und Fisch. Seit 1965 als „Kulturdenkmal von besonderer Bedeutung" unter Denkmalschutz gestellt, strahlt das Packhaus heutzutage vor allem in der Weihnachtszeit. Dann wird die Fassade hergerichtet als größter Adventskalender der Welt und im Inneren des historischen Gebäudes gibt es einen Weihnachtsmarkt.

Tönnings Hafen wurde von Fischern noch bis 1972 genutzt. Dann schloss das Eidersperrwerk den offenen Zugang zum Meer und die Fisch- und Krabbenkutter wurden dorthin verlegt. Erahnen lässt sich der mit dem Handel verbundene Reichtum Tönnings noch heute, wenn man über den Markt spaziert und staunt über die vielen Altbauten, teilweise mit Giebeln nach niederländischem Vorbild.

Ein wenig historische Fantasie ist auch beim Spaziergang durch den Tönninger Schlosspark hilfreich. Der Bau wurde nämlich 1735 vom dänischen König Friedrich V. abgerissen. Ein Modell des aufwendigen Schlossbaus ist inmitten des Kreisverkehrs am Beginn der Gardinger Chaussee zu bewundern. Nur vier Sandsteinskulpturen, die einst die Fassade schmückten, sind noch erhalten und im Schlosspark ausgestellt.

Sehr abwechslungsreich ist in Tönning ein Spaziergang entlang des Eiderradwegs. Vom Hafen aus, im Rücken die 1972 fertig gestellte Eiderklappbrücke, geht es zunächst zu einer Aussichtsplattform am Ufer – eine

Idylle mit bestem Blick auf den breiten, ruhigen Fluss, der Eiderstedt von dem benachbarten, aber völlig anders gearteten Dithmarschen trennt. Genau an dieser Stelle sorgte bis zum Zusammenbruch des Dritten Reichs ein Seefliegerhorst für die Materialversorgung der Seefliegerverbände. Zur Rechten das sehr schön gelegene Freibad Tönning, das vor den Coronajahren mit Meerwasser gefüllt war. Direkt an der Eider beginnt nun der Strandabschnitt mit DLRG-bewachten Schwimmbereichen, großflächigen Spielplätzen und einer Wiese mit Schäferwagen, in denen man gemütlich übernachten kann. Mit ein wenig Wanderlust kann man von hier aus neun Kilometer entlang der Eider und des Naturschutzgebietes Katinger Watt bis zur Mündung am Eidersperrwerk laufen.

Unter den insgesamt 24 Gemeinden in Eiderstedt, die alle einen Besuch wert sind, ist noch Tating besonders herauszuheben. Nicht nur wegen der vermutlich ältesten Kirche auf der Halbinsel, sondern auch wegen des Hochdorfer Gartens am westlichen Rand, der als bedeutendstes bäuerliches Gartendenkmal des Landes gilt. Er entstand ab 1764, als sich hier der Ratmann Matthias Eberhard Lorentzen einen Haubarg mit 1000 Quadratmetern Grundfläche errichtete. Über 25 teilweise exotische Zierpflanzen, Nadel-, Laub- und Obstbäume schmücken den sehr schön angelegten Barockgarten, in dem von Frühjahr bis Herbst immer etwas blüht. Um seinen romantischen Charakter zu unterstreichen, wurde er um 1900 durch eine künstliche Ruine ergänzt, nachempfunden der Klosterruine von Oybin auf dem berühmten Gemälde von Caspar David Friedrich. Vom „Zittauer Gebirge" in Tating sind es nur ein paar Meter in die „Alpen": Das 1873 errichtete Sommerhaus des Anwesens nennt sich seit bald 15 Jahren „Schweizer Haus". Drinnen ein Galerie-Café, draußen ein Biergarten, kehren wir hier besonders gern ein wegen der fulminanten Kuchen-Auswahl. Köstlich sind im Schweizer Haus zudem „Oma Steinbrücks Pfannkuchen" und wen es tatsächlich nach Speisen aus den Alpen verlangt, der bekommt – auf Vorbestellung – selbstverständlich auch Fondue.

Im Hintergrund das wuchtige Kirchenschiff der Christianskirche, hat die Stadt Garding ihrem wohl berühmtesten Sohn auch ein Denkmal an prominenter Stelle errichtet. Theodor Mommsen, Pfarrerssohn und Deutschlands erster Nobelpreisträger, wurde 1817 in Garding geboren, zog dann fort nach Oldesloe und verstarb nach einem ebenso lehr- wie kinderreichen Leben 1903 in Berlin. Seine Forschungen über das römische Recht und die römische Geschichte, die ihm 1902 den Nobelpreis einbrachten, mögen ein wenig in Vergessenheit geraten sein – Mommsens Popularität in seiner alten Heimat tut das keinen Abbruch. Garding nennt sich seit 2002 „Theodor-Mommsen-Stadt" und die kleine Ausstellung über den großen Gelehrten, die sich zunächst in kirchlichen Räumen befand, wandert demnächst (Stand: 2023) ins Alte Rathaus.

Große Fische trifft man mit viel Glück in der Nordsee, ganz sicher aber im *Multimar Wattforum* in Tönning. Ein einziger Besuch reicht im Grunde gar nicht aus für das mit 3000 Quadratmetern größte Informationszentrum für den Nationalpark Schleswig-Holsteinisches Wattenmeer. In 37 Groß-, Klein- und Sonderaquarien tummelt sich (fast) alles, was die Nordsee so hergibt, von der Flunder bis zum Katzenhai. Und wer sich für noch größere Meeresbewohner interessiert, wird in der Walausstellung umfänglich informiert. Dort findet sich, als Höhepunkt, ein 17, 5 Meter langes Pottwal-Skelett.

Wer beim Stadtbummel durch Tönning vom Marktplatz aus zum Wasser flaniert, passiert zunächst das, was man Stöpe nennt – eine verschließbare Deichdurchfahrt – und landet dann auf der Ostseite des historischen Hafens, im sogenannten Torfhafen. Umgeschlagen wurden hier in früheren Zeiten Massengüter wie Torf, Kohle, Erz und Altmetall. Gesäumt ist der Hafen auch hier von einer Vielzahl ebenso pittoresker wie altehrwürdiger Gebäude.

Der beschauliche kleine Hafen in Tönning war einst sehr bedeutsam für die europäische Schifffahrt: Um die gegnerische Wirtschaft zu schwächen, sperrten die Briten im Zuge einer kriegerischen Auseinandersetzung mit den Franzosen zwischen 1803 und 1806 die Elbe. Die Elbblockade begünstigte den Handel des damals dänischen Schleswig-Holsteins, da man auf Lübeck und Tönning auswich. Ab 1806 bis 1814 unterband Napoleon mit seiner Kontinentalsperre weiterhin den Handel mit den Briten, was Tönning Vorteile verschaffte. Der Ort entwickelte sich zu einem zentralen Umschlagplatz, von dem Waren weiter ins Landesinnere, wie zum Beispiel nach Hamburg, transportiert wurden. Durch die Eröffnung des Nord-Ostsee-Kanals im Jahre 1895 verlor der Tönninger Hafen seine ehemalige Bedeutung und der Bau des Eidersperrwerks 1972 erschwerte dann auch noch den Zugang zum Meer. Ausflugsfahrten gibt es heute trotzdem noch ab Tönning entlang der Seehundbänke an der Eider.

Vermutlich entstanden auch sie nach niederländischem Vorbild: Die bunt bemalten Türen an einigen der historischen Häuser in Tönning werden gehegt und gepflegt und sind meist auch noch eingerahmt von farbenfrohen Bepflanzungen oder Blumenkübeln. Es gibt also viel zu entdecken beim Bummel durch die kleine Tönninger Altstadt. Als Startpunkt empfiehlt sich der Marktplatz. Eindrücke aus früheren Zeiten vermitteln hier und in den umliegenden Sträßchen auch Tafeln mit historischen Fotos.

Vorne die „weiße Brücke" und hinten das Tönninger Packhaus. 1783 gebaut, befanden sich in dem 77 Meter langen Gebäude in früheren Zeiten sehr viele Schätze. Von feinen Gewürzen über gehaltvolle Weine bis zu wertvollen Tierfellen – eben alles, was am Handelsplatz Tönning im 19. Jahrhundert so umgeschlagen wurde. Seit 1965 nun steht das Packhaus unter Denkmalschutz, beherbergt heute eine Ausstellung zur Stadtgeschichte und verwandelt sich zur Weihnachtszeit in den längsten Adventskalender der Welt.

Besonders beeindruckend in der Tönninger St. Laurentius-Kirche ist die alte Holztonnendecke von 1704. Opulent bebildert mit Szenen des Alten und Neuen Testaments vom Hamburger Künstler Barthold Conrath (1657–1719), gilt sie als eine der bedeutendsten Barockmalereien in Schleswig-Holstein.

Von Stadtwäldern und Packhäusern – Abstecher nach Garding, Tönning und Tating

Schlosspark ohne Schloss: Im 16. Jahrhundert im Auftrag von Herzog Adolf von Schleswig-Holstein-Gottorf als eines der schönsten Bauwerke dieser Art errichtet, hatte das Tönninger Schloss eine vergleichsweise kurze Lebensdauer. Bereits 1735 wurde es auf Geheiß des dänischen Königs Friedrich V. wieder abgerissen. Heute findet sich eine Nachbildung inmitten des Kreisverkehrs am Beginn der Gardinger Chaussee. Vom Original-Schloss übrig geblieben sind lediglich vier Sandsteinskulpturen. Die zeigen Merkur und Venus und sind ebenfalls im Tönninger Schlosspark zu besichtigen.

Wenn an der Kirchentür das Schild „Geöffnet" hängt, sollte man unbedingt hineingehen: Wie die anderen Eiderstedter Kirchen auch ist St. Laurentius schon im 12. Jahrhundert entstanden, wurde aber im Laufe der Jahrhunderte mehrfach verändert. Weithin sichtbar ragt ab 1703 der Barockturm in die Höhe, im selben Jahr entstand auch die prunkvolle Kanzel. Das Taufbecken aus schwarzem Marmor mit Alabasterreliefs steht Täuflingen schon seit 1641 zur Verfügung. Und die 1978 erneuerte Pfeifenorgel mit 41 Registern ist die größte in ganz Eiderstedt.

Erbaut im Jahre 1786, wird in der Windmühle Catharina schon lange kein Korn mehr gemahlen. Zu einem Ferienhaus umgebaut, befindet sie sich inzwischen in privatem Besitz und ermöglicht wohl ein ganz spezielles Urlaubsgefühl. Auf 190 Quadratmetern, verteilt auf drei Ebenen, gibt es zwei Balkone, drei Schlafzimmer und, wie es heißt, eine riesige Küche. Gelegen in Oldenswort, ist es auch rund um die Mühle herum recht beschaulich. In dem 1000-Seelen-Ort gibt es noch ein Lebensmittelgeschäft namens „Unse Koopmann" und die Bäckerei nennt sich „De Ole Backstuv".

Abgesehen von ein paar wenigen Windkraftanlagen in Tating, Oldenswort und Uelvesbüll, ist Eiderstedt bislang wenig besiedelt mit dieser Form regenerativer Energiegewinnung. Im Gegensatz zu Dithmarschen erkämpfte man sich Sonderregelungen – die bezogen sich hauptsächlich auf den Natur- und Artenschutz, aber auch auf den „Erhalt des naturnahen Tourismus". Im Zuge der Energiewende wird das aber wohl nicht ewig so bleiben können. Und natürlich regt sich Widerstand, genauso wie Interesse bei denjenigen, die ihr Auskommen gern aufbessern würden mit der Kraft des Windes. Sagen wir mal so: Der weite Blick bliebe sicher hängen an der einen oder anderen Windkraftanlage – still stehen würden die Räder auf Eiderstedt aber mit Sicherheit nicht ...

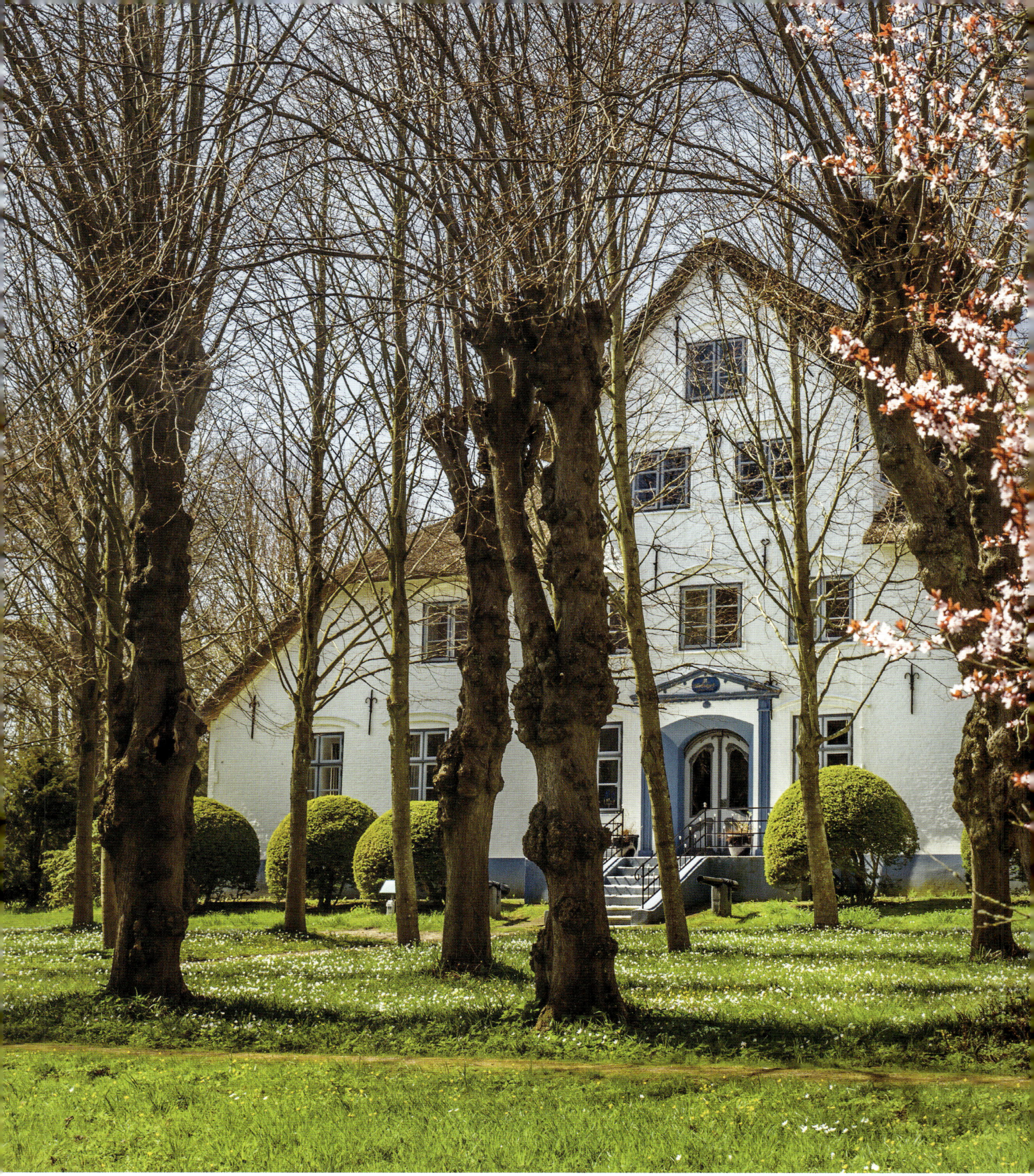

Idyllisch gelegen im barock gestalteten Hochdorfer Garten in Tating beherbergt *Haubarg Hochdorf* seit 1999 mehrere Ferienwohnungen. 1764 von einem wohlhabenden Ratmann namens Matthias Eberhard Lorentzen erbaut, besaß der Haubarg eine Grundfläche von 1000 Quadratmetern. Genügend Platz auch für den dänischen König Christian VIII., der sich hier in den 1840er Jahren zweimal einquartierte. Wie gut sich für den hohen Besuch auch der dazugehörige Garten eignete, lässt sich in einer Chronik nachlesen: „Nach der Tafel hielt der König Cercle und promenierte mit namhaften Männern der Eiderstedter Selbstverwaltung in den Alleen des Gartens, sich dabei über Landesangelegenheiten mit ihnen unterhaltend."

VON KULTUR, KAUFHÄUSERN UND RELIGIÖSER TOLERANZ – WIR VERLASSEN DIE HALBINSEL UND FAHREN NACH HUSUM UND FRIEDRICHSTADT

Seit 2008 verbringen wir etwa 40 Tage pro Jahr auf Eiderstedt. Und längst nicht haben wir jeden Zipfel der etwa 30 Kilometer langen und 15 Kilometer breiten Halbinsel erkundet. Noch vor 5000 Jahren auf dem Grund der Nordsee gelegen, ist Eiderstedt eine vergleichsweise junge Landschaft. Dass sie seit der großen Mandränke (Kapitel 2) eine einigermaßen stabile Einheit geblieben ist, verdankt sich, wie wir erfahren haben, vor allem der Kunst des Deichbaus. Konstant ist seit Jahren auch die Menge der Menschen, die hier leben. Die Zahl liegt bei 20 000, verteilt auf die bereits erwähnte Fläche von etwa 339 Quadratkilometern. Da bleibt viel Raum und nicht wenige, die Schleswig-Holsteins äußersten Westen durchqueren, sprechen von einer Landschaft der Stille. Und auch wenn in St. Peter-Ording neuerdings Hotels mit Urbanität werben, findet sich in dem schönen Badeort zwar recht viel Trubeliges, aber wenig Städtisches. Wer in die Stadt will, fährt nach Husum. Da leben in etwa genauso viele Menschen wie in ganz Eiderstedt und nach einer entsprechenden Reform aus dem Jahre 1970 gehört man gemeinsam zum Kreis Nordfriesland.

Auch die Geschichte Husums hat viel zu tun mit der Großen Mandränke. Zwar schon seit Jahrtausenden entlang des Flüsschens Mühlenau besiedelt, lag Husum bis weit ins 14. Jahrhundert hinein gar nicht am Meer. Als dann im Januar 1362 die Wassermassen einen ganzen Landstrich fortrissen, gab es ihn plötzlich, den direkten Zugang zur Nordsee. Und bald schon wurde im Hafen zu Husum ähnlich rege gehandelt wie im sagenumwobenen Rungholt. Stadtrechte erhielt der Ort erst 1603, ein eigenes Schloss bereits 1577. Als Nebenresidenz für die Gottorfer Herzöge errichtet, bewohnten das „Schloss vor Husum" vor allem zwei Damen. Zunächst war das die verwitwete Herzogin Augusta (1580–1639) und später dann deren Schwiegertochter Maria Elisabeth (1610–1684). Die Abbilder dieser beiden recht streng wirkenden Erscheinungen lassen sich noch heute besichtigen, genauso wie ihre herrschaftlichen Gemächer. Wer sich eher für die Welt des Figurentheaters interessiert, findet im Erdgeschoss des Schlosses das Poppenspäler Museum. Sehens- bzw. begehenswert ist sicher auch der große Schlossgarten sowie der kleine, aber feine Herzoginnengarten. Womöglich ist hier auch schon der Mann durchspaziert, der Husum als etwas bezeichnete, was es nur manchmal ist, nämlich eine graue Stadt am Meer. Theodor Storm kam 1817 in Husum zur Welt, sein Geburtshaus steht noch heute am Markt 9 und das Haus, das er 1866 nach dem Tod seiner Frau Constanze in der Wasserreihe 31 bezog, beherbergt heute ein ihm gewidmetes Museum. Wer sich für den Dichter interessiert, wird hier umfassend fündig – vom Schreibtisch, den Emil Nolde mit vier Eulen verzierte, an dem er den „Schimmelreiter" in Hanerau-Hademarschen, seinem Alterssitz, schrieb, bis zum Kapuzenpulli mit Original-Storm-Schriftzug.

Literarisch Interessierte finden schräg gegenüber in der Wasserreihe 48 weitere bibliophile Preziosen. Hier betreibt Linda Streblow ein Antiquariat, angereichert mit erlesenen Novitäten aus der internationalen Buchkunst. Etwas profaner geht es zu bei C.J. Schmidt. Das „schönste Modehaus Schleswig-Holsteins" (so die hausinterne Chronik) gibt es seit 1876 und seine Eigentümer nahmen maßgeblichen Einfluss auf die Entwicklung der Husumer Innenstadt. So entstand das große Parkhaus jenseits des Wassers auf Initiative von Kaufmann Peter Cohrs und gemeinsam mit seiner Frau ersann er bei einem Frankreich-Aufenthalt die Idee für die Husumer Hafentage. Die werden nun in Husum seit 1981 jährlich im August gefeiert – und zwar als „größtes maritimes Volksfest an der Nordseeküste".

Nicht ganz so groß feiert man Ende Juli auch 17 Kilometer entfernt bei den „Friedrichstädter Festtagen". Ähnlich wie in Husum lebt die kleine Stadt an der Treene ebenfalls von den Menschen, die, von der Nordsee kommend, Zerstreuung suchen oder ein bisschen was tun wollen für ihre Bildung. Friedrichstadt, durchzogen von einem Netz aus Wasserläufen und deshalb auch bezeichnet als „Klein-Amsterdam", steht nicht nur unter Denkmalschutz, sondern auch für religiöse Vielfalt und entsprechende Toleranz. Der umtriebige Friedrich III. von Schleswig-Holstein-Gottorf war es, der im 17. Jahrhundert zunächst sein eigenes Schloss in Gottorf zum bekanntesten Musenhof Europas kultivierte und dann, als es darum ging, auch die wirtschaftliche Potenz zu sichern, einen zusätzlichen Handelsplatz samt Hafen benötigte. Als Mann der Tat entwarf er denn gleich mal eine ganz neue Stadt und benannte sie nach sich selbst. Hilfreich für den Umgang mit Wasserwegen und Handelsströmen erschien Friedrich die Ansiedlung von Glaubensflüchtlingen aus den Niederlanden. Und so kamen vor allem Remonstranten, aber auch Mennoniten und noch so einige, die anderswo nicht erwünscht waren mit ihrem Glauben. Entsprechende Gotteshäuser finden sich noch heute in Friedrichstadt, bis auf die Synagoge, die fehlt seit 1938. Einen umfassenden Einblick in die Historie des „Holländerstädtchens" gewährt das Heimatmuseum in der „Alten Münze", einem auch von außen sehr sehenswerten Renaissancegebäude am Mittelburgwall.

Vom Glanz vergangener Zeiten zeugt zudem das schmucke Treppengiebelarchitektur-Ensemble an der Westseite des Marktplatzes.

Und auch, wenn in Friedrichstadt, etwa 400 Jahre nach seiner Gründung, der Handel nicht mehr floriert, verkauft man sich noch immer gut – neuerdings als „Sehnsuchtsort für gerne Reisende".

Grammatikalisch ist das gewagt, aber doch sehr zutreffend. Nicht nur für die Stadt an der Treene, sondern ebenso für Husum, ach, und natürlich auch für Eiderstedt.

Die Farbe Lila: Wenn es Frühling wird, blühen über vier Millionen Krokusse im Garten vor dem Husumer Schloss. Importiert wurden ihre Zwiebeln angeblich schon vor Jahrhunderten aus Italien. Dass es im Laufe der Zeit immer mehr wurden, freute die Husumer so sehr, dass sie dies alljährlich mit einem Fest begehen. Gekürt wird dabei seit 2001 auch eine Krokusblütenkönigin. Männer sind bei dieser Wahl durchaus nicht ausgeschlossen – 2018 gab es mit Oke Brodersen erstmals einen entsprechenden König.

Von Kultur, Kaufhäusern und religiöser Toleranz – wir verlassen die Halbinsel und fahren nach Husum und Friedrichstadt

Heute einen Katzensprung von Innenstadt und Bahnhof entfernt, lag das „Schloss vor Husum" bei seiner Errichtung um 1577 noch vor den Grenzen der Stadt. Bauherr war Herzog Adolf I. von Schleswig-Holstein-Gottorf (1526–1586), später sprach man, als es zunächst von Herzogin Augusta (1580–1639) und dann von deren Schwiegertochter Maria Elisabeth (1610–1684) bewohnt wurde, vom „Schloss der Herzoginnen". Heute als „kulturelles Zentrum an der Nordsee" bezeichnet, findet man im Obergeschoss des Schlosses ein Museum, das sich mit der eigenen Historie beschäftigt und im Untergeschoss das „Poppenspäler"- Museum.

Von Kultur, Kaufhäusern und religiöser Toleranz – wir verlassen die Halbinsel und fahren nach Husum und Friedrichstadt

Vom dänischen Hofarchitekten Christian Frederik Hansen entworfen, steht seit 1832 die Marienkirche auf dem Husumer Marktplatz und scheint eher inspiriert zu sein vom Dom zu Kopenhagen als von norddeutschen Backsteinkirchen. Unmittelbar davor befindet sich ein weiteres Wahrzeichen der Stadt. Der sogenannte Tine-Brunnen wurde 1902 als Dank errichtet für Anna Catharina Asmussen und August Friedrich Woldsen. Miteinander verwandt als Cousin und Cousine, hatten die beiden der Stadt Husum mittels ihrer Asmussen-Woldsen-Stiftung viel Gutes zuteilwerden lassen. Die Bronze-Statue der „Tine", einer Fischersfrau in Holzpantinen, entstammt dem künstlerischen Schaffen des berühmten wilhelminischen Bildhauers Adolf Brütt.

Von wegen grau: Geht die Sonne in Husum unter, zeigt sich die Stadt am Meer in leuchtenden Farben. Vorne schaukeln die Fischerboote, hinten zeugen die hohen Silotürme von den guten Geschäften, die hier im Hafen seit Jahrhunderten gemacht wurden. Von vergangenem Wohlstand künden auch die schönen alten Bürgerhäuser jenseits der Poller.

Bei aller Beschaulichkeit, die hier zum Bummeln einlädt: Im Husumer Hafen wird noch immer gearbeitet, besonders im Bereich der Krabbenfischerei. So finden hier im Oktober alljährlich auch die „Krabbentage" statt und im Sommer mit den „Husumer Hafentagen" das „größte maritime Volksfest an der Nordseeküste".

Von Kultur, Kaufhäusern und religiöser Toleranz – wir verlassen die Halbinsel und fahren nach Husum und Friedrichstadt

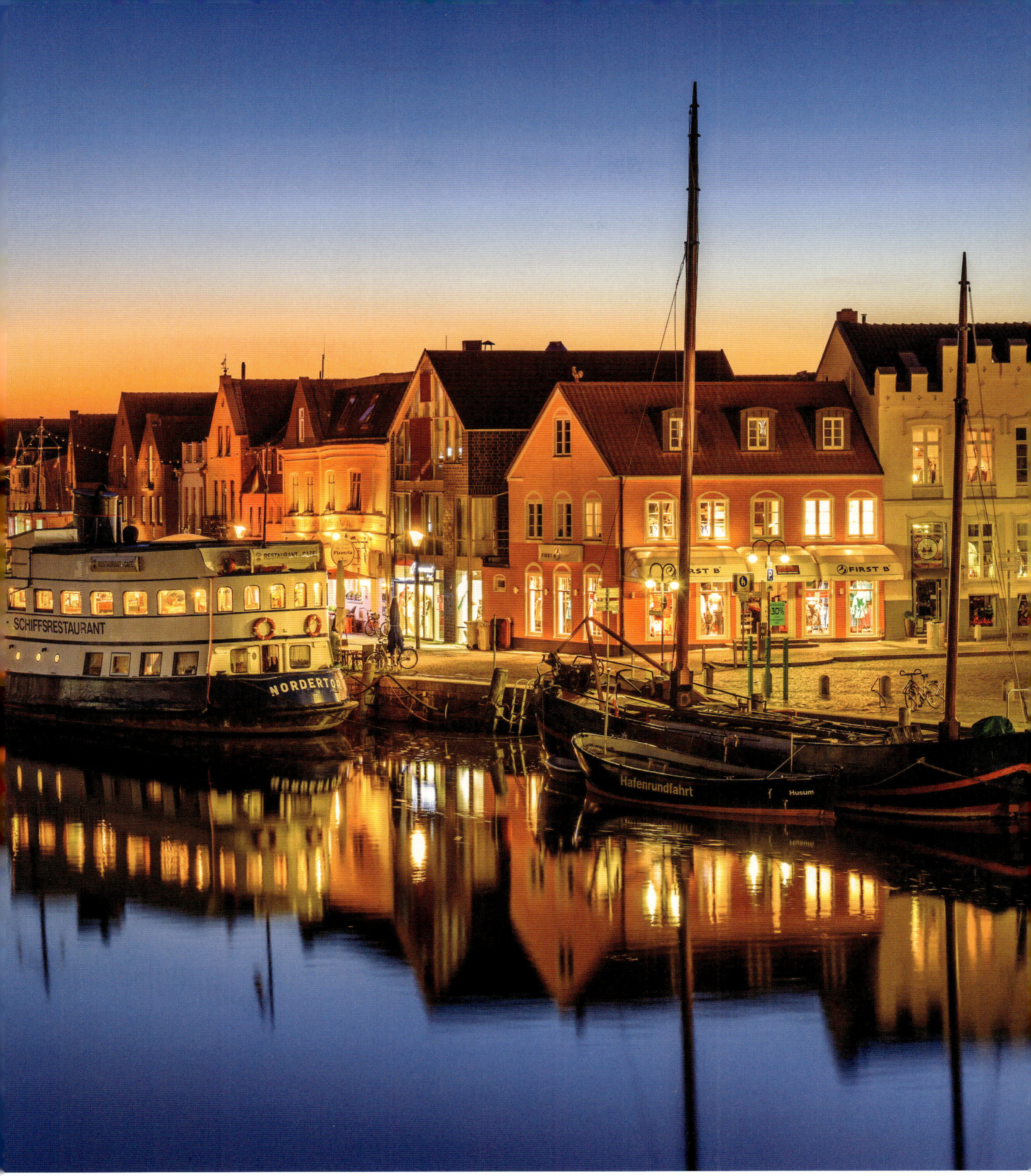
SCHIFFSRESTAURANT
Hafenrundfahrt
Husum
FIRST B

Die vielleicht bekannteste Adresse in Husum ist die Wasserreihe 31. In diesem Haus wurde Theodor Storm zwar nicht geboren (dies geschah am Markt Nr. 9), aber er lebte hier von 1866 bis 1880. Heute nennt sich das 1730 gebaute Husumer Kaufmannshaus „Storm-Haus" und beherbergt ein dem Dichter gewidmetes literarisches Museum. Untergebracht sind in den 14 Zimmern auch das umfangreiche Storm-Archiv sowie das Sekretariat der Theodor-Storm-Gesellschaft.

Sehr vieles ist im Storm-Haus noch originalgetreu erhalten. Dazu zählen das Treppenhaus, die Decken und die Türen, aber auch Möbelstücke, auf denen der Dichter saß, wie ein Biedermeiersofa mit eingeschnitzter Hirschjagd, und mit dem Schreibtisch auch ein solches, an dem er schrieb. Vollendet wurde daran dann im Juli 1888, wenige Tage vor Storms Tod, sein wohl berühmtestes Werk „Der Schimmelreiter".

In Husum geboren, in Husum begraben: Auch wenn er die letzten Jahre seines Lebens in Hanerau-Hademarschen verbrachte, wurde Theodor Storm auf dem Husumer Friedhof St. Jürgen bestattet und lieferte seiner Heimat mit „Die Stadt" von 1852 auch eines seiner bekanntesten Gedichte. Kurze Zeit später musste er sich wegen mangelnder Loyalität der dänischen Krone gegenüber aber ins preußische Exil begeben. 1864 kehrte Storm zurück in die nordfriesische Heimat, wurde dort zunächst Landvogt, später Oberamtsrichter und schaffte es, nebenbei noch, so bekannte Werke zu verfassen wie den Gedichtzyklus „Tiefe Schatten" oder die Jugenderzählung „Pole Poppenspäler".

So ging es los mit seiner wohl berühmtesten Novelle: Besichtigt werden kann der Anfang des Original-Manuskripts vom „Schimmelreiter" auch in der Wasserreihe 31. Jahrzehntelang hatte sich Theodor Storm mit der Sage vom tragischen Tod des Deichgrafen Hauke Haien beschäftigt. Und er fand wohl erst kurz vor seinem eigenen Tod die richtigen Worte, um daraus eine Novelle zu verfassen. Mehrfach verfilmt und auch für die Bühne adaptiert, hat die Geschichte des Menschen, der mit sich selbst und den Gewalten des Meeres kämpft, nichts an Faszination verloren – und ist wohl auch ein Grund, weswegen das Storm-Haus in Husum immer noch so viel Besuch empfängt.

Husum hat nicht nur einen Hafen, sondern auch einen Strand. Zu Fuß geht man eine halbe Stunde, mit dem Auto sind es fünf, per Fahrrad acht Minuten. Dann ist man am grünen Nordseestrand, dem sogenannten Dockkoog. Es gibt Strandkörbe, mit der „Wunder-Bar" auch ein gastronomisches Angebot und wer hier spazieren geht, genießt schöne Ausblicke auf die Nordsee und hinüber zur Insel Nordstrand.

Von Kultur, Kaufhäusern und religiöser Toleranz – wir verlassen die Halbinsel und fahren nach Husum und Friedrichstadt

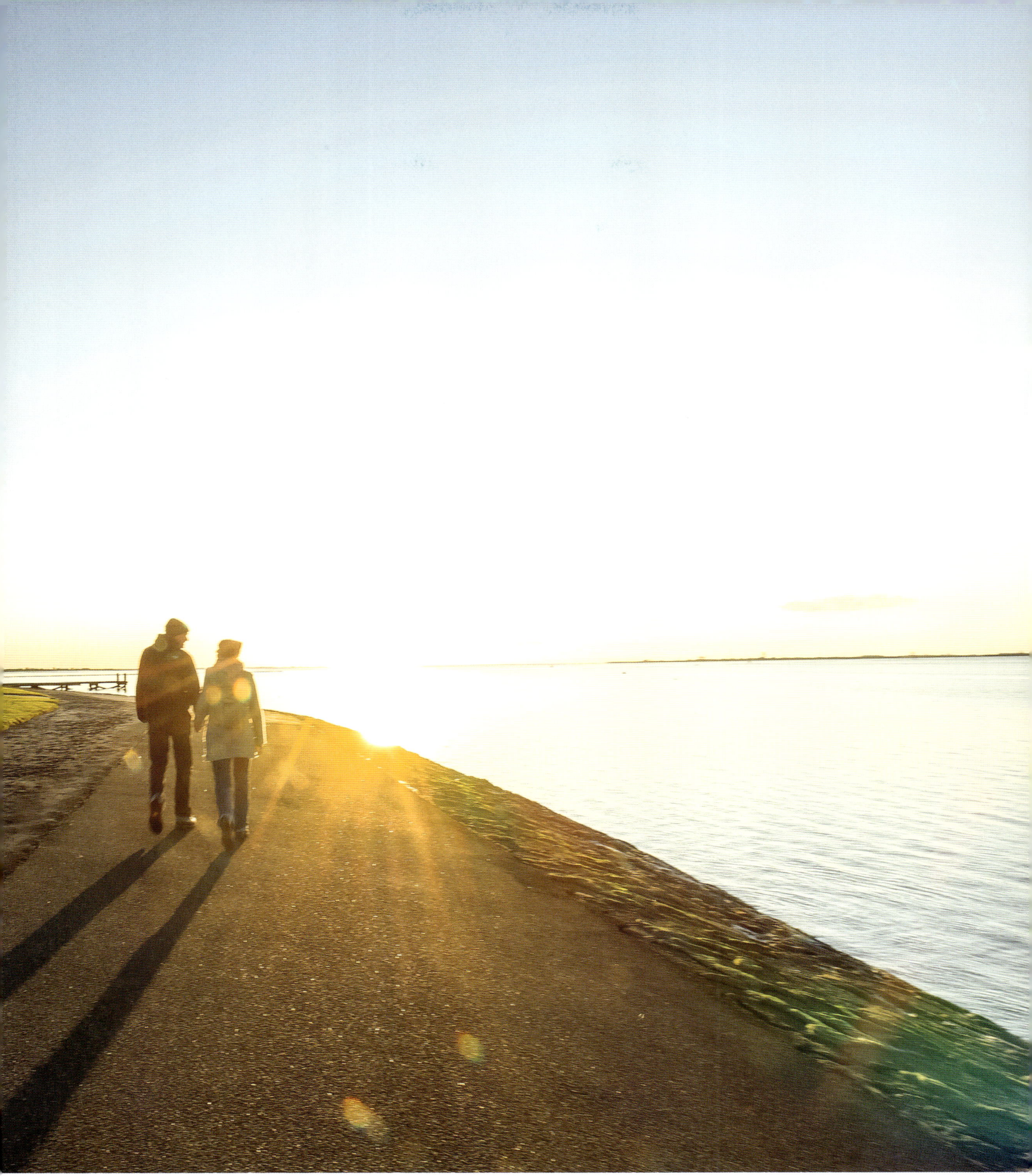

Bekannt für seine Wasserwege und Brücken, bezeichnet man Friedrichstadt auch als „Amsterdam des Nordens". Ein Vergleich, der nun wirklich nicht hinkt: Schließlich wurde die Stadt an der Treene bei ihrer Gründung ja auch vornehmlich besiedelt von niederländischen Glaubensflüchtlingen. Zuflucht gegeben hatte ihnen um 1620 herum Herzog Friedrich III. von Schleswig-Holstein. Nicht ganz uneigennützig, denn der Herzog benötigte für seine wirtschaftlichen Expansionsansinnen ein neues Handelszentrum und dazu die Expertise von Menschen, die es gewohnt waren, am bzw. mit dem Wasser zu leben. Heute laden die Wasserwege des Holländerstädtchens vor allem ein zu Grachtenfahrten, aber auch zu sportlicheren Aktivitäten wie Kanufahren oder Stand Up Paddling.

Von Kultur, Kaufhäusern und religiöser Toleranz – wir verlassen die Halbinsel und fahren nach Husum und Friedrichstadt

Wer über den Friedrichstädter Marktplatz spaziert, übersieht mit Sicherheit nicht das Brunnenhäuschen. Geschützt vor schlechtem Wetter wird der 1879 von dem Architekten Heinrich Rohardt ersonnene Brunnen von einem recht eigenwilligen Baldachin. Beschriftet ist das neugotische Bauwerk mit Versen des niederdeutschen Dichters Klaus Groth (1819–1899). Und ansonsten dient das Brunnenhäuschen als beliebter Versammlungspunkt, zum Beispiel auch für Stadtführungen.

Rund um den Marktplatz reihen sich die Renaissancegebäude und vermitteln einen Eindruck von der Geschlossenheit des Stadtbildes im 17. Jahrhundert. Bemerkenswert sind vor allem die typisch niederländischen Treppengiebel. Viele der Häuser hier haben keine Nummern. Auch das stammt aus der holländischen Zeit. Damals nutzte man zur Markierung der Häuser keine Zahlen, stattdessen Hausmarken in Form von Tieren oder Symbolen. Einige davon sind noch heute zu sehen – wie zum Beispiel das „Haus zur Mühle" oder das „Haus mit dem Sternenhimmel".

Friedliche Abendstimmung in der „Stadt der Toleranz". Brücken wurden in Friedrichstadt im Laufe der Jahrhunderte nicht nur zwischen den verschiedenen Glaubensrichtungen geschlagen, sondern auch über die verschiedenen Wasserläufe, wie hier zum Beispiel über dem Mittelburggraben. Läuft man vom Stadtfeld aus über die „Steenern Brüch", die steinerne Brücke, landet man wieder auf dem Marktplatz. Und staunt erneut über die prächtigen Fassaden, denkt wohl einen Moment lang auch, man befände sich auf einer Zeitreise zurück ins 17. Jahrhundert.

Von Kultur, Kaufhäusern und religiöser Toleranz – wir verlassen die Halbinsel und fahren nach Husum und Friedrichstadt

AUTOREN / BILDNACHWEIS / IMPRESSUM

Nicolle und Dr. Frank Hofmann, Jahrgang 1972 und 1962, heirateten 2008 in luftiger Höhe auf dem Westerhever Leuchtturm. Ihren Zweitwohnsitz haben sie seither hinterm Deich in St. Peter-Ording. Neben ihren Büchern veröffentlichten die Hamburger Autor*innen in den Magazinen „Stern", „Hörzu", „Men's Health", „Grazia" und in dem Kalender „Der Andere Advent".

Bildnachweis:
Archiv Ellert & Richter Verlag, Hamburg: 39, 40, 41 l., 41 r. u., 44 o., 44 u.
Elsen, Martin, Stade: 24/25, 50/51, 80/81
Franke, Oliver, Kiel: 26/27, 28, 29, 43, 57, 62/63, 64 o., 64 u., 65, 66/67, 71, 82/83, 90 o., 92, 93, 104 u., 114 o., 114 u., 115, 124 o., 124 u., 144/145, 170/171
huber images, Garmisch-Partenkirchen: Titelfoto, 2/3, 4/5, 6/7, 10/11, 14/15, 23, 49, 52/53, 54/55, 55 o., 56/57, 60/61, 72, 72/73, 74 o., 74 u., 75, 76/77, 78/79, 87, 91, 101, 105, 106/107, 122/123, 129, 150 o., 151, 152 o., 152 u., 153, 158/159, 163, 164, 165, 172, 173 o., 173 u., 174/175
Laible, Andreas, Hamburg: 157
mauritius images, Mittenwald: 8/9, 12/13, 30/31, 32/33, 34/35, 58, 59, 88/89, 94/95 o., 94/95 u., 96/97, 102/103, 104 o., 113, 116/117, 118, 119 o., 119 r., 119 u., 120/121, 125, 130/131, 149, 150 u., 155, 166/167
NordfrieslandMuseum (Nissenhaus), Husum: 41 r. o.

Orts-Chronik St. Peter-Ording: 42 u.
picture alliance, Frankfurt a.M.: 45, 168 o., 169 l., 168 u., 169
Polte, Stefan, Noer: 90 u.
Schneider, Jens-Peter, Hamburg: 108/109, 130 o., 132, 133 o., 133 u., 134, 135, 136/137, 138, 139 o., 139 u., 140 o., 140 u., 141, 142 o., 142 u., 143, 154 o.
Tourismus-Zentrale St. Peter-Ording: 42 o.
Tourist- und Freizeitbetrieb Tönning / W. Ammon: 154 u.
Wikimedia Commons CC-BY-SA-4.0 (Radler59): 156

Impressum:
Bibliografische Information der Deutschen Nationalbibliothek
Die Deutsche Nationalbibliothek verzeichnet diese Publikation in der Deutschen Nationalbibliografie; detaillierte bibliografische Daten sind im Internet über http://dnb.d-nb.de abrufbar.

ISBN 978-3-8319-0837-0

© Ellert & Richter Verlag GmbH, Hamburg 2023

Dieses Werk einschließlich aller seiner Teile ist urheberrechtlich geschützt. Jede Verwertung außerhalb der engen Grenzen des Urheberrechtsgesetzes ist ohne Zustimmung des Verlages unzulässig und strafbar. Dies gilt insbesondere für Vervielfältigungen, Übersetzungen, Mikroverfilmungen und die Einspeicherung und Verarbeitung in elektronischen Systemen.

Text und Bildlegenden:
Nicolle und Frank Hofmann, Hamburg
Gestaltung:
BrücknerAping, Büro für Gestaltung, Bremen
Gesamtherstellung:
ADVerts, Riga, Lettland

www.ellert-richter.de
www.facebook.com/EllertRichterVerlag/
www.instagram.com/ellert_richter_verlag/